PRÉPARATION

CERTIFICATION
Français Langue Étrangère

DELF-DALF

A1

Le DELF

100% réussite

Martine Boyer-Dalat

Romain Chrétien

Nicolas Frappe

didier
Français Langue Étrangère

9		danwilton/Istock	58	c	fadlyhalim - Pixabay
10	h	TheMoenCanvas - Fotolia.com	60		Corina_Dragan - iStock Photo
10	b	yupiramos - 123rf	62		Corina_Dragan - iStock Photo
13	a	snvv - Fotolia.com	63		bikeriderlondon/Shutterstock
13	b	Tom Wang - Fotolia.com	66		Artenex - Fotolia.com
13	c	Pictures news - Fotolia.com	67		Thomas Söllner - Fotolia.com
18	a	Christophe Fouquin - Fotolia.com	68		Pedro Salaverria - Fotolia
18	b	JackF - Fotolia.com	69		Rixie - Fotolia.com
18	c	contrastwerkstatt - Fotolia.com	70		guitou60 - Fotolia.com
18	d	markobe - Fotolia.com	72		zhz-akey - Fotolia.com
18	e	jjfoto - Fotolia.com	73		BillionPhotos.com - Fotolia.com
18	f	davizro photography - Fotolia.com	74		caroline letrange - Fotolia.com
24	a	Serhiy Shullye - Fotolia.com	76		Corina_Dragan - iStock Photo
24	b	exclusive-design - Fotolia.com	78		Corina_Dragan - iStock Photo
24	c	ExQuisine - Fotolia.com	79		Piksel/Istock
25	a	3dmavr - Fotolia.com	82		BillionPhotos.com - Fotolia.com
25	b	Benjamin LEFEBVRE - Fotolia.com	83	mm	makieni - Fotolia.com
25	c	philippe Devanne - Fotolia.com	83	bd	bokan - Fotolia.com
30		Corina_Dragan - iStock Photo	83	bm	txakel - Fotolia.com
32		Corina_Dragan - iStock Photo	83	hd	BillionPhotos.com - Fotolia.com
33		Ümit Büyüköz/Istock	83	hg	arizanko - Fotolia.com
33		G-stockstudio-Fotolia.com	83	hm	gkrphoto - Fotolia.com
36	bg	kotoyamagami - Fotolia.com	92	md	auremar - Fotolia.com
36	bd	indigolotos - Fotolia.com	92	mg	makieni - Fotolia.com
36	bm	kotoyamagami - Fotolia.com	92	a	kotoyamagami - Fotolia.com
36	hd	Africa Studio - Fotolia.com	92	b	kotoyamagami - Fotolia.com
36	hg	Minerva Studio - Fotolia.com	92	c	Brad Pict - Fotolia.com
36	hm	jolopes - Fotolia.com	96	1	Khvost - Fotolia.com
37	a	DWP - Fotolia.com	96	2	Popova Olga - Fotolia.com
37	b	Pink Badger - Fotolia.com	96	3	Africa Studio - Fotolia.com
37	c	BillionPhotos.com - Fotolia.com	96	4	Khvost - Fotolia.com
39	a	fadlyhalim - Pixabay	96	5	Tarzhanova - Fotolia.com
39	b	Albachiaraa - Fotolia.com	96	6	Tarzhanova - Fotolia.com
40	a	iMAGINE - Fotolia.com	97	1	Dani Vincek - Fotolia.com
40	b	wellphoto - Fotolia.com	97	2	zadveri - Fotolia.com
40	c	Hans - Pixabay	97	3	koss13 - Fotolia.com
41	a	Kzenon - Fotolia.com	97	4	rainbow33 - Fotolia.com
41	b	michaeljung - Fotolia.com	97	5	jfunk - Fotolia.com
41	c	makieni - Fotolia.com	97	6	winston - Fotolia.com
43	a	CandyBox Images - Fotolia.com	97	7	makieni - Fotolia.com
43	b	Fotos 593 - Fotolia.com	97	8	Mendelex - Fotolia.com
43	c	stokkete - Fotolia.com	97	9	makieni - Fotolia.com
45	bd	bernie_moto - Fotolia.com	97	10	BillionPhotos.com - Fotolia.com
45	bg	Artenex - Fotolia.com	97	11	WavebreakMediaMicro - Fotolia.com
45	bm	nd700 - Fotolia.com	97	12	Tom Wang - Fotolia.com
45	hd	Dangubic - Fotolia.com	98		Corina_Dragan - iStock Photo
45	hg	Monkey business - Fotolia.com	100		Corina_Dragan - iStock Photo
45	hm	nd3000 - Fotolia.com	102	bd	Picture news - Fotolia.com
49	a	djoronimo - Fotolia.com	102	bg	sylv1rov1 - Fotolia.com
49	b	lic0001 - Fotolia.com	102	bm	snvv - Fotolia.com
49	c	Konstiantyn - Fotolia.com	104	md	Africa Studio - Fotolia.com
50	a	rod5150 - Fotolia.com	104	mg	timolina - Fotolia.com
50	b	Pictures news - Fotolia.com	104	mm	Jacek Chabraszewski - Fotolia.com
50	c	He2 - Fotolia.com	109	a	carballo - Fotolia.com
51	a	Artenex – Fotolia.com	109	b	gemenacon - Fotolia.com
51	b	emuck - Fotolia.com	109	c	Burlingham - Fotolia.com
51	c	Africa Studio - Fotolia.com	109	d	brunogm - Fotolia.com
54	a	philipimage - Fotolia.com	109	e	Africa Studio - Fotolia.com
54	b	Delphotostock - Fotolia.com	109	f	danr13 - Fotolia.com
54	c	Jipé - Fotolia.com	114	1	fruitcocktail - Fotolia.com
56	a	boumenjapet - Fotolia.com	114	2	radub85 - Fotolia.com
56	b	alco81 - Fotolia.com	114	3	EugeS - Fotolia.com
56	c	NJ - Fotolia.com	114	4	fruitcoctail - Fotolia.com
58	a	philipimage - Fotolia.com	114	5	Denis Gladkiy - Fotolia.com
58	b	kotoyamagami - Fotolia.com			

Conception maquette intérieure et couverture : **Primo & Primo**
Mise en page : **Linéale**
Illustrations : **Céline Penot**
Édition : **Marion Jeandaux / Imaginemos**
Photogravure : **RVB**

© Les Éditions Didier, Paris 2016 – ISBN 978-2-278-08625-2

AVANT-PROPOS

‒ Qu'est-ce que le DELF ?

Le DELF, diplôme d'études en langue française, est une certification officielle en français langue étrangère du ministère français de l'Éducation nationale. C'est un diplôme internationalement reconnu qui permet de valider votre niveau de français auprès d'universités ou d'écoles, d'employeurs ou d'administrations dans le monde.

Ce diplôme est valable sans limitation de durée.

‒ Quels sont les niveaux du DELF ?

Le DELF est constitué de 4 diplômes : Prim, scolaire et junior, Pro, tout public.
Ils correspondent aux 4 premiers niveaux du *Cadre européen commun de référence pour les langues* (CECRL) : DELF A1, DELF A2, DELF B1, DELF B2.

Chaque diplôme évalue les 4 compétences : compréhension et production orales, compréhension et production écrites. L'obtention de la moyenne (50 points sur 100) à l'ensemble des épreuves permet la délivrance du diplôme correspondant.

‒ Où passer le DELF ?

Vous pouvez passer le DELF dans plus de 175 pays. Vous devez vous inscrire dans un des 1 190 centres d'examen agréés par le CIEP. Pour connaître ces centres et leurs tarifs, consultez le site du CIEP à l'adresse suivante : http://www.ciep.fr/delf-tout-public/coordonnees-centres-examen.

COMMENT SE PRÉPARER ?

Ce livre peut être utilisé en autonomie ou en classe avec un enseignant. Il est réparti en quatre compétences comme l'examen.
Nous vous proposons une démarche en 4 étapes :

▶ **Comprendre :** une double page qui présente l'épreuve par compétence, les savoir-faire, les exercices et les documents, la consigne générale et des exemples de questions/réponses.

▶ **Se préparer :** des activités pour acquérir les savoir-faire indispensables pour réussir.

▶ **S'entraîner :** des activités proches de l'examen avec des conseils méthodologiques.

▶ **Prêt pour l'examen !** mémoriser l'essentiel : vocabulaire, grammaire, conseils, etc.

Alors, prêt pour l'examen ?

SOMMAIRE

PISTE 1

Le picto 🎧 vous indique le numéro de la piste à écouter pour faire l'activité.

S'INFORMER SUR LE DELF

_ L'examen du DELF, comment ça se passe ?

L'examen dure 1 h 20. Il y a une épreuve pour chacune des quatre compétences. Il y a des épreuves collectives et une épreuve individuelle (production orale).

▶ Le premier jour, vous allez d'abord passer les **3 épreuves collectives** dans l'ordre suivant :

1. La compréhension de l'oral : écouter et compléter les questionnaires

2. La compréhension des écrits : lire des documents et compléter les questionnaires

3. La production écrite : compléter une fiche/un questionnaire et écrire un texte court

Attention, la compréhension des écrits et la production écrite se font ensemble en 1 heure (30 minutes chaque épreuve).

▶ Puis le deuxième jour, vous allez passer l'**épreuve individuelle** qui se déroulera en quatre temps :

1. Préparation : vous tirez des cartes et vous avez 10 minutes pour préparer l'échange d'informations et le dialogue simulé ;

2. Entretien dirigé : répondre aux questions de l'examinateur et parler de soi. Pas de temps de préparation ;

3. Échange d'informations : poser des questions à l'examinateur ;

4. Dialogue simulé : participer à un jeu de rôle avec l'examinateur.

Entraînez-vous dans les conditions réelles de l'examen avec deux épreuves blanches complètes à la fin de l'ouvrage à partir de la page 102.

Retrouvez aux pages 142-143 les grilles d'évaluation de la production écrite et de la production orale.

Retrouvez également deux épreuves blanches interactives (dont une DELF pro A1) sur http://www.didierfle-nomade.fr.

QU'EST-CE QUE LE NIVEAU A1 ?

Le *Cadre européen commun de référence pour les langues* définit le niveau A1 comme celui d'un utilisateur élémentaire. Cet utilisateur :

- Peut comprendre et utiliser des expressions familières et quotidiennes ainsi que des énoncés très simples qui visent à satisfaire des besoins concrets.

- Peut se présenter ou présenter quelqu'un et poser à une personne des questions la concernant — par exemple, sur son lieu d'habitation, ses relations, ce qui lui appartient, etc. — et peut répondre au même type de questions.

- Peut communiquer de façon simple si l'interlocuteur parle lentement et distinctement et se montre coopératif.

DELF A1

Voici le détail des 4 compétences que vous aurez le **jour J** :

Nature des épreuves	Durée	Note sur
Compréhension de l'oral Réponse à des questionnaires de compréhension portant sur trois ou quatre documents enregistrés ayant trait à des situations de la vie quotidienne. (2 écoutes) *Durée maximale des documents : 3 minutes*	20 minutes environ	.../25
Compréhension des écrits Réponse à des questionnaires de compréhension portant sur quatre ou cinq documents enregistrés ayant trait à des situations de la vie quotidienne.	30 minutes	.../25
Production écrite Épreuve en deux parties : – Compléter une fiche, un formulaire ; – Rédiger des phrases simples (cartes postales, messages, légendes…) sur des sujets de la vie quotidienne.	30 minutes	.../25
Production orale Épreuve en trois parties : – entretien dirigé ; – échange d'informations ; – dialogue simulé.	5 à 7 minutes Préparation : 10 minutes	.../25
	NOTE TOTALE	**.../100**

Seuil de réussite pour obtenir le diplôme : **50/100**

Note minimale requise par épreuve : **5/25**

Durée totale des épreuves collectives : **1 heure et 20 minutes**

Pour l'évaluation des épreuves de production écrite et de production orale, l'enseignant est invité à télécharger les grilles d'évaluation expliquées sur le site des Éditions Didier www.editionsdidier.com dans la collection *Le DELF 100% réussite*.

Compréhension
de l'oral

COMPRENDRE

L'ÉPREUVE

La compréhension de l'oral est la première épreuve de l'examen du DELF A1.

Durée totale de l'épreuve	**20 minutes**
Nombre de points	**25 points**
Nombre d'exercices	**4 exercices**
Nombre de documents à écouter	**4 documents**
Nombre d'écoutes	**2 écoutes pour chaque document**
Durée totale des enregistrements	**3 minutes**
Quand lire les questions ?	**Avant d'entendre les documents** **Puis 30 secondes pour lire les questions**
Quand répondre aux questions ?	**Après la 1re écoute**

Objectifs des exercices

Exercice 1 **Identifier un événement**
Exercice 2 **Identifier une activité**
Exercice 3 **Comprendre des instructions**
Exercice 4 **Identifier des situations**

LES SAVOIR-FAIRE

Il faut principalement être capable de :

Repérer les informations essentielles d'une annonce publique

- nombres, prix
- heure
- numéro de train ou de vol

« Mesdames, Messieurs. Le train n° 3667 à destination de Besançon partira voie E. »

Comprendre et écrire des informations chiffrées

Suivre des indications simples, instructions

Comprendre une invitation et les formules de politesse

Repérer une information

- une personne
- une activité
- un événement
- un lieu, une destination
- départ, voie

Salut ! On se retrouve ce soir à 19 h 30 devant le cinéma, d'accord ? Si tu ne peux pas, appelle-moi au 06.36.25.00.31. À tout à l'heure !

LES EXERCICES ET LES DOCUMENTS

	Supports possibles	Type d'exercice	Nombre de points
Exercice 1 Identifier un événement	Message sur répondeur	Un questionnaire	4 points
Exercice 2 Identifier une activité	Météo à la radio, journal info à la radio, publicités à la radio annonce publique (aéroport, gare, supermarché)	Un questionnaire	5 points
Exercice 3 Comprendre des instructions	Message sur répondeur, discussion au téléphone	Un questionnaire	6 points
Exercice 4 Identifier des situations	Mini dialogues, images, photos, illustrations	Appariement (associer)	10 points

LA CONSIGNE

Dans l'épreuve du DELF A1, la consigne est la même pour les exercices 1, 2 et 3. Elle est écrite sur votre copie d'examen et dite oralement tout comme la consigne de l'exercice 4.

Pour chaque exercice :
30 secondes pour lire les questions puis la première écoute.
30 secondes de pause pour commencer à répondre aux questions puis la seconde écoute et enfin 30 secondes pour compléter les réponses.

LES QUESTIONS ET LES RÉPONSES

Les questions sont toujours dans l'ordre du document. Les réponses aussi.

Les questions se présentent sous 3 formes :
– **les questions à choix multiples (QCM)** : sélectionner la bonne réponse parmi les trois choix. Il n'y a qu'une seule réponse correcte.
– **les questions à réponse ouverte courte (QROC)** : écrire la réponse, c'est-à-dire le ou les mots attendus. Pas besoin d'écrire une phrase complète avec un sujet, un verbe et un complément.
– **un tableau d'appariement** : associer un dialogue et une image. Il y a toujours cinq dialogues mais six images et donc une image non utilisée.

CONSEILS

S'entraîner à :
– écouter et noter des chiffres et des lettres ;
– repérer des itinéraires ;
– distinguer les sons du français.

SE PRÉPARER

1 Identifier un événement

— Comprendre un message

Activité 1

PISTE 01

Écoutez les messages et **cochez** le prénom correct.

Message n° 1 :
Qui parle ? ☐ Julie. ☐ Julien. ☐ Virginie.

Message n° 2 :
Qui parle ? ☐ Anne. ☐ Laura. ☐ Josiane.

Message n° 3 :
Qui parle ? ☐ Luigi. ☐ Julien. ☐ Vincent.

Activité 2

PISTE 02

Écoutez les messages et **cochez** le prénom correct.

Message n° 1 :
C'est l'anniversaire de qui ? ☐ Adrien. ☐ Armand. ☐ Amandine.

Message n° 2 :
Qui est en retard ? ☐ Juliette. ☐ Valérie. ☐ Isabelle.

Message n° 3 :
Qui joue au tennis avec Louis ? ☐ Charlie. ☐ Pierre. ☐ Fabrice.

Activité 3

PISTE 03

Écoutez les messages et **cochez** les bonnes réponses.

Message n° 1 :
Valentin vous appelle pour aller… ☐ au musée. ☐ au cinéma. ☐ au théâtre.

Message n° 2 :
Léa vous demande… ☐ d'aller au cinéma. ☐ d'acheter les billets. ☐ de faire des courses.

Message n° 3 :
Diana vous demande… ☐ de faire un gâteau. ☐ d'apporter un gâteau. ☐ d'apporter des boissons.

Activité 4

PISTE 04

Écoutez les messages et **répondez** aux questions.

Message n° 1 :

Qu'est-ce que vous devez apporter ? ....

Qu'est-ce que Martine doit apporter ? ....

Message n° 2 :

Avec qui est-ce que vous pouvez aller au concert ? ....

Avec qui est-ce que Jean-Luc va au concert ? ....

Message n° 3 :

Quel jour est-ce que vous avez rendez-vous avec Marc ? ....

Quel jour Marc a rendez-vous avec Alberto ? ....

Comprendre des informations chiffrées

Activité 5

Écoutez les messages et **cochez** la bonne réponse.

Message n° 1 : Martine a combien de frères ? ☐ 2. ☐ 3. ☐ 4.

Message n° 2 : Combien de personnes viennent à la fête ? ☐ 6. ☐ 13. ☐ 16.

Message n° 3 : Combien de tomates est-ce que vous devez acheter ? ☐ 6. ☐ 10. ☐ 12.

Activité 6

Écoutez les messages et **complétez** les informations.

Message n° 1 :
Combien de kilos de pommes de terre est-ce qu'Alexandre achète ? .... kg.

Message n° 2 :
Béatrice a combien de paires de chaussures ? .... paires de chaussures.

Message n° 3 :
Quel est le montant de la réduction ? .... %.

Activité 7

Écoutez la conversation et **reliez** les informations.

Personnes	Dates de naissance
Vincent ●	● 30 / 05 / 1982
Audrey ●	● 01 / 03 / 1982
Alexandra ●	● 28 / 08 / 1978

Activité 8

Écoutez les messages et **reliez** les propositions.

Personnes	Numéros de téléphone
Sylvain ●	● 04.83.72.11.29
Robert ●	● 06.41.12.71.39
Carole ●	● 03.21.96.55.41

Activité 9

Écoutez les messages et **notez** les numéros de téléphone.

Message n° 1 : ....   Message n° 2 : ....

Message n° 3 : ....

Comprendre des instructions simples

Activité 10

Écoutez les messages et **notez** le ou les prénoms pour chaque activité.

A.

B.

C.
THEATRE

Activité 11

PISTE 11

Écoutez les messages et **cochez** les bonnes réponses.

Message n° 1 :   Qu'est-ce que Jacques veut faire samedi au parc ?
☐ Du vélo.   ☐ Des crêpes.   ☐ De la moto.

Message n° 2 :   Qu'est-ce que Clara veut acheter ?
☐ Une jupe.   ☐ Une chemise.   ☐ Un pantalon.

Message n° 3 :   Qu'est-ce que Lucie veut acheter au marché ?
☐ Les fruits.   ☐ Les légumes.   ☐ Les boissons.

Activité 12

PISTE 12

Écoutez les messages et **reliez** les propositions.

Messages   Lieux
Message n° 1 ●   ● Mer
Message n° 2 ●   ● Ville
Message n° 3 ●   ● Campagne

Activité 13

PISTE 13

Écoutez les messages et **répondez** aux questions.

Message n° 1 :

Quel est le lieu du rendez-vous ? ....

Message n° 2 :

Quel est le lieu du rendez-vous ? ....

Message n° 3 :

Quel est le lieu du rendez-vous ? ....

2 Identifier une activité

— Comprendre la météo et les flashs info

Activité 14

PISTE 14

Écoutez les messages et **notez** le numéro du message sous l'image correspondante.

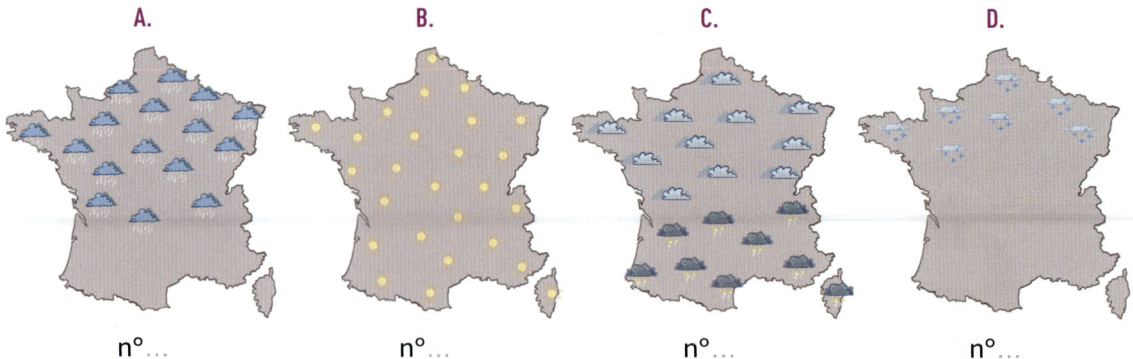

A.   B.   C.   D.

n°...   n°...   n°...   n°...

Activité 15

Écoutez les messages et **répondez** aux questions.

PISTE 15

Message n° 1 :   Quelle est la température à Paris ? ....

Message n° 2 :   Quelle est la température à Lille ? ....

Message n° 3 :   Quelle est la température à Bordeaux ? ....

Activité 16

Écoutez les messages et **reliez** les propositions.

PISTE 16

Message   Thèmes

Message n ° 1 ●   ● Invitation

Message n° 2 ●   ● Information

Message n° 3 ●   ● Recommandation

Activité 17

Écoutez les messages et **cochez** les bonnes réponses.

PISTE 17

Message n° 1 :

Où est-ce que l'exposition est organisée ?

☐ Devant la mairie.   ☐ Dans les bureaux de l'association.   ☐ Dans la maison des associations.

Message n° 2 :

Où est-ce que le directeur va ?

☐ À l'école.   ☐ À la mairie.   ☐ À l'entreprise.

Message n° 3 :

Quels sont les nouveaux produits au marché ?

☐ Des salades.   ☐ Des pommes de terre.   ☐ Des pommes et des bananes.

Activité 18

Écoutez les messages et **répondez** aux questions.

PISTE 18

Message n° 1 :   Quelle est la date du concert ? ....

Message n° 2 :   Où est-ce que vous pouvez acheter un billet ? ....

Message n° 3 :   Qu'est-ce que vous ne pouvez pas envoyer pendant les vacances ? ....

Repérer des indices sonores

Activité 19

Écoutez les messages et **cochez** les bonnes réponses.

PISTE 19

Message n° 1 : Où sont Brigitte et Catherine ? ☐ Chez Brigitte. ☐ Chez Catherine. ☐ Au restaurant.

Message n° 2 : Où est Samuel ?   ☐ Chez lui.   ☐ Chez Amélie.   ☐ Au restaurant.

Message n° 3 : Où est Lucie ?   ☐ Au marché.   ☐ Au supermarché. ☐ À la boucherie.

Activité 20

Écoutez les messages et **remplissez** le tableau.

PISTE 20

	À la gare	À l'aéroport
Message n° 1	☐	☐
Message n° 2	☐	☐
Message n° 3	☐	☐

Activité 21

PISTE 21

Écoutez les messages et **reliez** les propositions.

Message n° 1 •

Message n° 2 •

Message n° 3 •   • Affirmation.

Message n° 4 •   • Interrogation.

Message n° 5 •   • Exclamation.

Message n° 6 •

Activité 22

PISTE 22

Écoutez les messages et **remplissez** le tableau.

Sentiments	Messages
Content(e)	n° . . .
Triste	n° . . .
Fatigué(e)	n° . . .
En colère	n° . . .
Malade	n° . . .

— Comprendre une annonce

Activité 23

PISTE 23

Écoutez les messages et **cochez** les bonnes réponses.

Message n° 1 :   Combien de temps est-ce que la promotion dure ?
☐ 30 minutes.   ☐ 40 minutes.   ☐ 50 minutes.

Message n° 2 :   La promotion est pour quels articles ?
☐ Les pantalons.   ☐ Les jouets pour les garçons.   ☐ Les jouets pour les filles.

Message n° 3 :   Où est le rendez-vous pour découvrir les promotions ?
☐ Dans le magasin.   ☐ À l'entrée du magasin.   ☐ À la sortie du magasin.

Activité 24

PISTE 24

Écoutez le message et **répondez** aux questions.

1. La promotion est pour quels articles ? ....

2. À quelle heure est-ce que la promotion commence ? ....

3. Quel est le pourcentage de réduction ? ....

4. La prochaine promotion est pour quels articles ? ....

Activité 25

PISTE 25

Écoutez les messages et **cochez** les bonnes réponses.

Message n° 1 :
Quel est le numéro du vol ?   ☐ AF613.   ☐ AF713.   ☐ AF793.

Message n° 2 :
L'annonce indique un changement…
☐ de numéro de train.   ☐ d'heure de départ du train.   ☐ de lieu de départ du train.

Message n° 3 :
Quelle est la destination du TGV 1002 ?   ☐ Rouen.   ☐ Rennes.   ☐ Reims.

3 Comprendre des instructions

— Comprendre des activités

Activité 26

PISTE 26

Écoutez les messages et **cochez** les bonnes réponses.

Message n° 1 :
Quelle est la profession de Clara Dupont ? ☐ Médecin. ☐ Secrétaire. ☐ Directrice.

Message n° 2 :
Quelle est la profession de Monsieur Legrand ? ☐ Secrétaire. ☐ Professeur. ☐ Vendeur.

Message n° 3 :
Le rendez-vous est pour un emploi de… ☐ secrétaire. ☐ serveur. ☐ vendeur.

Activité 27

PISTE 27

Écoutez les messages et **répondez** aux questions.

Message n° 1 :
L'offre est pour quelle profession ? ....

Message n° 2 :
Quelle est la profession de Madame Joly ? ....

Message n° 3 :
Pour quelle offre est-ce que vous avez rendez-vous avec Madame Morin ? ....

Activité 28

PISTE 28

Écoutez les messages et **répondez** aux questions.

Message n° 1 :
Quel document est-ce que vous devez envoyer ? ....
Message n° 2 :
Quel document est-ce que vous devez envoyer ? ....

Message n° 3 :
Quel document est-ce que vous devez prendre ? ....

— Se situer dans le temps

Activité 29

PISTE 29

Écoutez les messages et **cochez** les bonnes réponses.

Message n° 1 :
Vous devez organiser la réunion… ☐ jeudi. ☐ avant jeudi. ☐ après jeudi.
Message n° 2 :
Avant quelle date est-ce que vous devez répondre ? ☐ Le 6 mai. ☐ Le 16 mai. ☐ Le 26 mai.
Message n° 3 :
Quel jour est-ce que vous avez rendez-vous ? ☐ Mercredi. ☐ Jeudi. ☐ Vendredi.

Activité 30

PISTE 30

Écoutez les messages et **notez** les numéros sous les horloges correspondantes.

A.	B.	C.	D.	E.
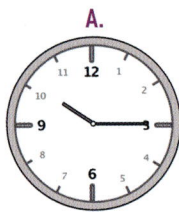				
n°...	n°...	n°...	n°...	n°...

Activité 31

PISTE 31

Écoutez les messages et **cochez** les bonnes réponses.

Message n° 1 :
À quelle heure est votre rendez-vous ? ☐ 3 h 40. ☐ 14 h 40. ☐ 15 h 40.

Message n° 2 :
Quelle est l'heure du message ? ☐ 9 h 15. ☐ 9 h 30. ☐ 9 h 45.

Message n° 3 :
À quelle heure est la réunion ? ☐ 12 h 00. ☐ 13 h 30. ☐ 17 h 30.

— Comprendre une instruction

Activité 32

PISTE 32

Écoutez le message et **cochez** les bonnes réponses.

Où est-ce que vous allez pour acheter les produits ?

☐ A.	☐ B.	☐ C.	☐ D.	☐ E.	☐ F.

Activité 33

PISTE 33

Écoutez le message et **tracez** l'itinéraire sur le plan.

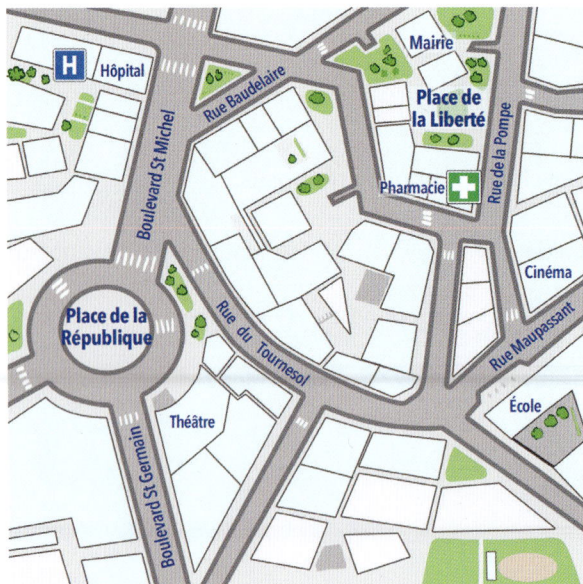

Activité 34

PISTE 34

Écoutez les messages et **complétez** le tableau.

Qui vous laisse le message ?

	Votre directeur	Votre collègue
Message n°1	☐	☐
Message n°2	☐	☐
Message n°3	☐	☐

Activité 35

PISTE 35

Écoutez les messages et **reliez** les propositions.

Message n° 1 :   Maxime téléphone pour…   ●   ● s'excuser.
Message n° 2 :   Caroline téléphone pour…   ●   ● vous féliciter.
Message n° 3 :   Sarah téléphone pour…   ●   ● vous souhaiter de bonnes vacances.

Activité 36

PISTE 36

Écoutez les messages et **cochez** les bonnes réponses.

Message n° 1 :   Pour répondre à l'offre, vous devez…
  ☐ écrire à l'agence.   ☐ aller sur le site internet.   ☐ téléphoner à Mme Dupuis.

Message n° 2 :   Pour répondre à une offre d'emploi à l'aéroport, vous devez…
  ☐ téléphoner à Mme Dupuis.   ☐ téléphoner à M. Olivier.   ☐ écrire à Mme Dupuis.

Message n° 3 :   Qu'est-ce que vous devez apporter à la réunion ?
  ☐ Des stylos.   ☐ Des crayons.   ☐ Des stylos et des feuilles.

4 Identifier des situations

▬ Identifier une personne

Activité 37

PISTE 37

Écoutez les dialogues et **cochez** les bonnes réponses.

Dialogue n° 1 :   Quel âge a Anne ?   ☐ 16 ans.   ☐ 18 ans.   ☐ 20 ans.

Dialogue n° 2 :   Quel âge a Marc ?   ☐ 23 ans.   ☐ 33 ans.   ☐ 43 ans.

Dialogue n° 3 :   Quel âge a Paul ?   ☐ 59 ans.   ☐ 60 ans.   ☐ 61 ans.

Activité 38

PISTE 38

Écoutez les dialogues et **complétez** le tableau.

Personnes	Dates de naissance	Âges
David	… / … / …	… ans
Margot	… / … / …	… ans
Emma	… / … / …	… ans
Victor	… / … / …	… ans

Activité 39

PISTE 39

Écoutez les descriptions et **notez** le numéro sous l'image correspondante.

A.   B.   C.   D.

n°...   n°...   n°...   n°...

Activité 40

PISTE 40

Écoutez les descriptions et **indiquez** le prénom des personnes.

PHOTO N° 1

❶ ....
❷ ....
❸ ....
❹ ....
❺ ....

PHOTO N° 2

❶ ....
❷ ....
❸ ....
❹ ....
❺ ....

Activité 41

PISTE 41

Écoutez les dialogues et **cochez** les bonnes réponses.

Dialogue n° 1 :   Guillaume a...
☐ un sac.   ☐ un chapeau.   ☐ des lunettes.

Dialogue n° 2 :   Delphine a...
☐ une montre.   ☐ un parapluie.   ☐ un chapeau.

Dialogue n° 3 :   Thomas a...
☐ un chapeau.   ☐ une ceinture.   ☐ des lunettes.

Activité 42

PISTE 42

Écoutez la description et **indiquez** le prénom des personnes.

Chantal vous montre une photo de sa famille.

❶ ....
❷ ....
❸ ....
❹ ....
❺ ....
❻ ....
❼ ....

Comprendre des relations

Activité 43

Écoutez les messages et **complétez** le tableau.

PISTE 43

	Tutoiement	Vouvoiement
Message n° 1	☐	☐
Message n° 2	☐	☐

	Tutoiement	Vouvoiement
Message n° 3	☐	☐
Message n° 4	☐	☐

Activité 44

Écoutez les dialogues et **cochez** les bonnes réponses..

PISTE 44

Dialogue n° 1   ☐ Marion et Valentine se connaissent.   ☐ Marion et Valentine ne se connaissent pas.

Dialogue n° 2   ☐ Olivia et Anne-Marie se connaissent.   ☐ Olivia et Anne-Marie ne se connaissent pas.

Dialogue n° 3   ☐ Monsieur Lemaître et le directeur
se connaissent.   ☐ Monsieur Lemaître et le directeur
ne se connaissent pas.

Activité 45

Écoutez les messages et **cochez** les bonnes réponses.

PISTE 45

Message n° 1 : Qui est Madame Buisson ?
☐ La maman de Julie.   ☐ Le professeur d'histoire de Julie.   ☐ La directrice de l'école.

Message n° 2 : Qui parle ?
☐ La maman de Lola.   ☐ Le professeur de dessin de Lola.   ☐ La directrice de l'école.

Message n° 3 : Qui est Clémence ?
☐ La maman de Gauthier.   ☐ Le professeur de Gauthier.   ☐ Une copine de classe de Gauthier.

Repérer le sujet et la situation

Activité 46

Écoutez les dialogues et **cochez** les bonnes réponses.

PISTE 46

Dialogue n° 1 :   Où est Camille ?
☐ Dans la salle du cours d'histoire.
☐ Dans la salle du cours d'anglais.
☐ Dans la salle du cours de français.

Dialogue n° 2 :   Où va Augustin pour étudier ?
☐ Chez lui.   ☐ À la salle de sport.   ☐ À la bibliothèque.

Dialogue n° 3 :   Où sont Lou et Clément ?
☐ À l'entrée de l'école.   ☐ À la sortie de l'école.   ☐ Dans la classe de mathématiques.

Activité 47

Écrivez le numéro du dialogue sous l'image qui correspond. Attention, il y a cinq dialogues et six images.

A.

n°...

B.

n°...

C.

n°...

D.

n°...

E.

n°...

F.

n°...

Activité 48

Écrivez le numéro du dialogue sous l'image qui correspond. Attention, il y a cinq dialogues et six images.

A.

n°...

B.

n°...

C.

n°...

D.

n°...

E.

n°...

F.

n°...

1 Identifier un événement

PISTE 49

Exercice 1 [4 points]

Vous allez entendre deux fois un document. Il y a 30 secondes de pause entre les deux écoutes puis vous avez 30 secondes pour vérifier vos réponses.
Vous **écoutez** ce message sur votre répondeur. **Répondez** aux questions

> ▸ Avant la 1re écoute du document audio, lisez les questions et surlignez les mots importants.
>   *Hugo vous propose d'aller où ?* = la réponse attendue est un lieu.
>   *Quel jour est le rendez-vous ?* = la réponse attendue est un jour de la semaine.
> ▸ Pour les questions avec 3 choix de réponse, une seule réponse est correcte.

1 - Hugo vous propose d'aller où ? [1 point]

Au cinéma.

2 - Quel jour est le rendez-vous ? [1 point]

Mardi.

3 - À quelle heure est le rendez-vous ? [1 point]
☐ 18 h 00.   ☑ 18 h 30.   ☐ 19 h 00.

4 - Avec qui est-ce que vous pouvez venir ? [1 point]
☐ Anna.   ☐ Carlos.   ☑ Carmen.

> ▸ *Avec qui est-ce que vous pouvez venir ?*
>   Sur votre brouillon, notez les prénoms entendus dans le document audio. La question s'adresse à vous. Il faut donc distinguer le prénom de votre ami au téléphone et de ses amis à lui.
> ▸ Le nombre de points est indiqué en face de chaque question. Plus le nombre de points est élevé, plus la question est difficile. Dans cet exercice, chaque question a 1 point.

PISTE 50

Exercice 2 [4 points]

Vous **écoutez** ce message sur votre répondeur.
Répondez aux questions.

1 - C'est l'anniversaire de qui ? [1 point]

....

2 - Qu'est-ce que vous devez apporter ? [1 point]

....

3 - À quelle heure est le rendez-vous chez Jeannette ? [1 point]
☐ 14 h 00.   ☐ 15 h 00.   ☐ 16 h 00.

4 - Comment allez-vous à l'anniversaire ?   1 point

☐ En train.   ☐ En métro.   ☐ En voiture.

Exercice 3   4 points

PISTE 51

Vous **écoutez** ce message sur votre répondeur.
Répondez aux questions.

1 - Fabiola vous propose d'aller à la plage…   1 point

☐ ce midi.   ☐ cet après-midi.   ☐ ce soir.

2 - À quelle heure est le rendez-vous ?   1 point

....

3 - Fabiola va préparer une salade avec quoi ?   1 point

☐ A.   ☐ B.   ☐ C.

4 - Qu'est-ce que vous pouvez manger à la plage ?   1 point

....

PRÊT POUR L'EXAMEN

❶ Avant la 1ʳᵉ écoute, lire toutes les questions et, pendant la 1ʳᵉ écoute, noter les mots compris.

❷ Se poser les bonnes questions : Quelle activité ? Avec qui ? Quand ? Où ? Comment ?

❸ Être attentif à la 2ᵉ écoute et vérifier ses réponses. Bien identifier sa réponse définitive, et écrire de préférence un seul mot (la phrase n'est pas interdite mais il est plus rapide d'écrire seulement 1 mot). Attention : une seule réponse possible !

2 Identifier une activité

Exercice 4   5 points

PISTE 52

Vous allez entendre deux fois un document. Il y a 30 secondes de pause entre les deux écoutes puis vous avez 30 secondes pour vérifier vos réponses.
Vous êtes dans un magasin en Belgique francophone et vous **entendez** cette annonce.
Répondez aux questions.

▸ Lisez attentivement la consigne : vous êtes dans un magasin = vous êtes un client ; vous entendez cette annonce = des informations importantes.

1 - Quel jour sommes-nous aujourd'hui ? **2 points**

Vendredi.

▶ Repérez les mots importants dans la question.
  Quel jour sommes-nous aujourd'hui ? = la réponse attendue est un jour ; il doit correspondre à « aujourd'hui ».

2 - Quel est le pourcentage de réduction ? **1 point**

25 %

▶ La réponse attendue est un chiffre. « % » se prononce « pour cent ».

3 - Où sont les disques ? **1 point**

☐ Avec les livres. ☑ À côté des livres. ☐ Loin des livres.

▶ 3 choix possibles, une seule réponse est correcte. Le mot « livres » est présent dans chaque réponse.
  L'information importante pour trouver la réponse est « avec », « à côté » et « loin ».

4 - La réduction est valable jusqu'au… **1 point**

☐ 3 mai. ☑ 13 mai. ☐ 16 mai.

▶ Sur votre brouillon, avant la 1re écoute, écrivez les chiffres en lettres pour aider votre compréhension.
  3 = trois 13 = treize 16 = seize

Exercice 5   **5 points**

Vous **écoutez** la radio d'une ville de France.
Répondez aux questions.

PISTE 53

1 - Où est le grand concert de ce soir ? **1 point**

☐ Dans la mairie. ☐ En face de la mairie. ☐ Sur la place de la mairie.

2 - Pour le concert, il y a des chanteurs français, anglais et… **1 point**

☐ indiens. ☐ italiens. ☐ brésiliens.

3 - À quel numéro de téléphone est-ce que vous devez appeler pour gagner des billets ? **1 point**

✆ ...... - ...... - ...... - ...... - ......

4 - Quelle est la météo pour ce soir ? **2 points**

....

Exercice 6   **5 points**

Vous êtes à la gare en France. Vous **entendez** cette annonce.
Répondez aux questions.

PISTE 54

1 - Quel est le numéro du train ? **1 point**

TGV ....

2 - Combien de temps avant le départ est-ce que vous devez vous présenter ? **1 point**

☐ 5 minutes. ☐ 15 minutes. ☐ 25 minutes.

3 - Qu'est-ce que vous ne devez pas oublier ? **1 point**

 ☐ A.   ☐ B.    ☐ C.

4 - Qu'est-ce que vous devez mettre sur vos bagages ?   2 points

....

PRÊT POUR L'EXAMEN

❶ Avant la 1ʳᵉ écoute, lire toutes les questions et souligner les mots importants.

❷ Se poser les bonnes questions pour comprendre le document audio de cet exercice :
Quel thème ? Quand ? Où ? Combien ? Quel numéro ?

❸ Ne pas vouloir tout comprendre dès la 1ʳᵉ écoute : se concentrer sur
2 informations (1 information de type lieu, objet, thème et 1 information avec
des chiffres) et sur 2 autres (les plus difficiles) pendant la 2ᵉ écoute.

3 Comprendre des instructions

Exercice 7   6 points

PISTE 55

Vous allez entendre deux fois un document. Il y a 30 secondes de pause entre les deux écoutes puis vous avez 30 secondes pour vérifier vos réponses.
Vous habitez en France et vous **écoutez** ce message sur votre répondeur. **Répondez** aux questions.

▸ Vous êtes en France. Le message s'adresse à vous.

1 - L'entretien est pour quel travail ?   1 point

☐ Vendeur.   ☐ Directeur.   ☑ Secrétaire.

▸ Le message est professionnel : <u>entretien</u>, <u>travail</u>.
Il y a 3 choix de réponse et 1 seule réponse correcte. 2 mots sont présents dans le document audio. Pendant la 1ʳᵉ écoute, notez les 2 mots entendus. Et pendant la 2ᵉ écoute, écoutez attentivement le mot « travail » de la question pour trouver la réponse correcte. <u>Attention</u> : n'oubliez pas de cocher votre réponse définitive.

2 - À quelle heure est l'entretien ?   2 points

15 h 45.

▸ La réponse attendue est une heure. Écrivez l'heure en chiffres : 00 h 00.
Il n'est pas obligatoire de répondre avec une phrase.

3 - Pour l'entretien, vous devez apporter la photocopie de quel document ?   2 points

Ma pièce d'identité.

▸ Soulignez les mots importants : <u>photocopie</u>, <u>document</u>.
Vous pouvez répondre avec un mot. Il n'est pas obligatoire de faire une phrase.

4 - À quelle porte est-ce que vous devez vous présenter ?   1 point

☑ Porte E.   ☐ Porte I.   ☐ Porte U.

▸ Dans les 3 choix possibles, la différence porte sur les voyelles « E », « I » et « U ». À la lecture des questions et avant la 1ʳᵉ écoute, prononcez ces voyelles dans votre tête.

Exercice 8

PISTE 56

Vous **écoutez** ce message sur votre répondeur.
Répondez aux questions.

6 points

1 - Quand a lieu la réunion ?

2 points

....

2 - Quel est le numéro de téléphone du responsable de l'agence ?

2 points

☎ ...... - ...... - ...... - .... - ......

3 - Combien de temps va durer la réunion ?

1 point

☐ 15 minutes.   ☐ 30 minutes.   ☐ 45 minutes.

4 - Qu'est-ce que vous devez faire aussi ?

1 point

☐ Préparer le repas.
☐ Réserver le restaurant.
☐ Réserver la salle de la réunion.

Exercice 9

PISTE 57

Vous habitez en France et vous **écoutez** ce message sur votre répondeur.
Répondez aux questions.

6 points

1 - La nouvelle offre d'emploi est pour quel métier ?

1 point

☐ Serveur.   ☐ Vendeur.   ☐ Directeur.

2 - Dans quel bureau est-ce que vous devez aller ?

2 points

....

3 - Qu'est-ce que vous devez apporter ?

1 point

☐ Un CV.   ☐ Une pièce d'identité.   ☐ Une lettre de motivation.

4 - Avant quelle heure est-ce que vous devez aller à l'agence ?

2 points

....

PRÊT POUR L'EXAMEN

❶ Avant la 1re écoute, lire toutes les questions et souligner les mots importants.

❷ Se poser les bonnes questions : Qui ? Pourquoi ? Quand ? Où ? Comment ?

❸ Essayer de répondre aux questions à 1 point pendant la 1re écoute et de comprendre les réponses aux questions à 2 points ; pendant la 2e écoute, vérifier les réponses aux questions à 2 points.

4 Identifier des situations

Vous allez **entendre** cinq petits dialogues correspondant à cinq situations différentes. Il y a 15 secondes de pause après chaque dialogue. **Notez**, sous chaque image, le numéro du dialogue qui correspond. Puis vous allez entendre à nouveau les dialogues et pouvez compléter vos réponses. Regardez les images. Attention, il y a six images mais seulement cinq dialogues.

Exercice 10 | 10 points

PISTE 58

▸ Pendant l'écoute des dialogues, écrivez des mots sur votre brouillon avant d'écrire votre réponse.
Exemple : dialogue n° 1 = retard, petit déjeuner.

A.

n°

B.

n° *4*

C.

n° *1*

D.

n° *3*

E.

n° *2*

F.

n° *5*

▸ Soyez attentif aux détails ! Exemple : image C = horloge : 7 h 45 ; image D = horloge : 9 h 45.
▸ Repérez si les images illustrent des adultes ou des enfants.
Repérez le contexte : à l'école, à la maison, dans une bibliothèque, dans la rue.
▸ Attention : il y a 6 images mais seulement 5 dialogues. Il y a donc 1 image sans numéro.

Exercice 11 | 10 points

PISTE 59

A.

n°...

B.

n°...

C.

n°...

D.

n°…

E.

n°…

F.

n°…

PISTE 60

10 points

A.

n°…

B.

n°…

C.

n°…

D.

n°…

E.

n°…

F.

n°…

PRÊT POUR L'EXAMEN

❶ Observer attentivement les 6 images : regarder les personnages, les lieux et les détails.

❷ Repérer des indices dans les dialogues : Qui parle ? Combien de personnes ? Est-ce que ce sont des adultes ou des enfants ? Où sont-ils ?

❸ Pendant la 2ᵉ écoute des dialogues, vérifier ses réponses et utiliser un stylo pour écrire (attention, toutes les réponses définitives doivent être au stylo dans l'examen).

CE QUE JE RETIENS

▶ 4 exercices avec 4 thématiques différentes : une activité avec une consigne ; une annonce avec une information ; un message relatif au travail ; des situations dans le milieu écolier et universitaire.

▶ 4 exercices mais 1 seule méthode : d'abord, je lis les questions et je répète les mots importants ; ensuite, je me concentre pendant les 2 écoutes et j'écris mes réponses ; enfin, je n'oublie pas d'écrire au stylo mes réponses définitives.

▶ L'épreuve est chronométrée. Le surveillant indique le début de l'examen. Les consignes sont lues sur le CD audio. Le temps passe vite ! J'utilise chaque moment pour lire, souligner, écrire, cocher et vérifier.

Communication

- Annoncer
- Commencer un message
- Inviter
- Préciser
- Prendre congé
- Proposer
- Répéter une information
- Suivre des indications

Socioculturel

Dire l'heure

- **1 h 30**
  Une heure trente OU une heure et demie
- **13 h 30**
  Treize heure trente
- **1 h 15**
  Une heure et quart OU 13 heures quinze
- **18 h 45**
  Dix-huit heures quarante-cinq
  Sept heures moins le quart
- **12 h 00**
  Midi OU douze heures
- **00 h 00 minuit**

Grammaire

Les articles définis et indéfinis *(le, la, les, un, une, des)*

Les verbes en –er

Les verbes *aller, prendre, descendre, payer, acheter*

Le présent

L'impératif

Vocabulaire

- Achats
- Aliments
- Boissons
- Commerces
- Horaires
- Loisirs
- Météo
- Nombres
- Numéro de train/de téléphone
- Prix
- Publicité
- Téléphoner
- Vêtements
- Voyage

STRATÉGIES

1. Quand j'écoute, je pose mon stylo et je me concentre.

2. Je repère les bruits dans le document pour retrouver le contexte (jingle, bruits de rue, restaurant, magasin, aéroport).

3. Je repère les différentes voix pour comprendre les rôles de chacun.

4. Je note des chiffres, des dates ou des mots clés sur mon brouillon.

POUR DIRE

Annoncer
Le train va entrer en gare quai numéro 3.
Le TGV 8967 arrivera dans 5 minutes.
Le TGV à destination de…

Commencer un message
Mesdames, messieurs,
Votre attention s'il vous plaît
Chers clients,

Inviter
Tu veux aller à la piscine avec moi ?
Est-ce que tu es disponible ?
Je t'invite au restaurant.
Tu veux venir avec nous au marché ?

Préciser
Les quais 3 et 5 sont exceptionnellement fermés.

Proposer
Tu peux venir avec Camille.
Tu es toujours d'accord pour le rendez-vous de 15 heures ?
On peut aller au cinéma après le travail.

Répéter une information
Nous vous rappelons que le poids maximum des bagages à main
Je vous rappelle que …

Achats
Un magasin
Une promotion spéciale
Une remise de 15 %
Le rayon jouets
Une réduction
Les soldes
75 % (pour cent)

Jour
Lundi
Mardi
Mercredi
Jeudi
Vendredi
Samedi
Dimanche

Matin
Après-midi

Message téléphonique
Recevoir/écouter un message
Bonjour, Madame Leroi au téléphone.
Salut, c'est Aïcha.
Ici le secrétariat de l'université
Je vous appelle au sujet de
Je ne peux malheureusement pas venir
Fixer/confirmer/donner/annuler un rendez-vous
Il nous manque des pièces à votre dossier.
Pour plus d'information, rappelez-nous au
01 47 12 13 13.
Merci de nous rapporter une photocopie.
Appelle-moi sur mon téléphone portable !
Rendez-vous à 8 heures.

Nombres
10 dix
20 vingt
21 vingt et un
30 trente
40 quarante
50 cinquante
60 soixante
70 soixante-dix
80 quatre-vingts
90 quatre-vingt-dix
96 quatre-vingt-seize
100 cent
1000 mille

Poids, mesures, argent
Des billets
Des pièces
Des centimes
Des euros
500 g (cinq cents grammes)
2,5 kg (deux kilos cinq/et demi)
25° : 25 degrés
Une bouteille de lait
Une part de gâteau
Une tranche de pain
Un kilo de pommes de terre
Une barquette de fraises

Voyager
L'arrivée
Un avion
Un bagage
Un bateau
Le départ
La destination
L'embarquement
L'enregistrement
Entrer en gare
Porte D
Le prochain arrêt
En provenance de Lyon
Le quai 2
Le terminus
Un train
La voie A

Je suis prêt ?

Les 4 questions à se poser

1. Est-ce que j'identifie rapidement la situation ?
2. Est-ce que je sais repérer des chiffres ?
3. Est-ce que je connais au moins 4 mots dans chaque liste de cette page ?
4. Est-ce que je suis capable de prendre des notes sur mon brouillon ?

PRÊT POUR L'EXAMEN !

✔ À faire

AVANT L'EXAMEN

☐ **réviser le vocabulaire**
chiffres, heure, téléphoner, voyager, acheter, magasins et nourriture, prendre rendez-vous, vêtements, météo

☐ **réviser la syntaxe**
l'impératif des verbes *aller, prendre, descendre, payer, acheter*

☐ **identifier cinq situations de la vie quotidienne et lister les mots sur des chiffres, situations, lieux, personnes et événements possibles (au marché, message d'un collègue, à l'aéroport, etc.)**

LE JOUR DE L'EXAMEN

☐ respirer et se détendre
☐ se concentrer
☐ si vous avez coché une case par erreur, cochez et entourez la bonne case

Compréhension
des écrits

COMPRENDRE

L'ÉPREUVE

La compréhension des écrits est la deuxième épreuve de l'examen du DELF A1.

Durée totale de l'épreuve	**30 minutes**
Nombre de points	**25 points**
Nombre d'exercices	**4 exercices**
Nombre de documents à lire	**4 documents**
Quand lire les questions ?	**Avant de lire les documents**
Quand lire les documents ?	**Après avoir lu la consigne et les questions**
Quand répondre aux questions ?	**Après avoir tout lu**

Objectifs des exercices

Exercice 1	**Suivre des instructions simples**
Exercice 2	**Lire pour s'orienter dans l'espace**
Exercice 3	**Lire pour s'orienter dans le temps**
Exercice 4	**Lire pour s'informer**

LES SAVOIR-FAIRE

Il faut principalement être capable de :

- Identifier la nature du document
- Identifier la fonction du document
- Repérer les **mots clés**
  - Qui ?
  - À qui ?
  - Quoi ?
  - Quand ?
  - Où ?
  - Comment ?
  - Pourquoi ?

Chers **Saraly et Abriel**,

Laure fête ses **50 ans** le **17 juin** au **restaurant** *La Petite Arlésienne* à **Montmartre**. Vous venez ? **Réponse** souhaitée avant le 1er juin.

Laure et Medhi
l_M@courriel.fr
06.12.01.23.46

LES EXERCICES ET LES DOCUMENTS

	Supports possibles	Type d'exercice	Nombre de points
Exercice 1 Suivre des instructions simples	**Situations de la vie privée :** lettre, carte postale, courriel, faire-part de mariage ou de naissance, Post-it, mode d'emploi, règlements simples, recette de cuisine	Un questionnaire	6 points
Exercice 2 Lire pour s'orienter dans l'espace	**Situations de la vie publique :** lettre, affiche, menu, publicité, brochure, horaires, prospectus, panneau d'affichage, ticket, billet (transport)	Un questionnaire	6 points
Exercice 3 Lire pour s'orienter dans le temps	**Situations de la vie professionnelle** : courriel, lettre standard, emplois du temps, brochures, programmes	Un questionnaire	6 points
Exercice 4 Lire pour s'informer	**Situations d'éducation et de formation** : petites annonces, brochures, programmes télé, cinéma, spectacles, etc.	Un questionnaire	7 points

LA CONSIGNE

Dans l'épreuve du DELF A1, il y a une consigne générale pour les quatre exercices. La consigne générale est la même pour les quatre exercices : *Répondez aux questions en cochant la bonne réponse ou en écrivant l'information demandée.*
Puis, il y a une consigne pour chacun des quatre exercices. Elle donne la situation de l'activité et ce que vous devez faire.

LES QUESTIONS ET LES RÉPONSES

Les questions sont toujours dans l'ordre du document. Les réponses aussi.

Les questions se présentent sous 2 formes :
– **les questions à choix multiples (QCM)** : sélectionner la bonne réponse parmi trois choix de réponse. Il n'y a qu'une seule réponse correcte.
– **les questions à réponse ouverte courte (QROC)** : écrire la réponse, c'est-à-dire **le ou les mots** attendus. Pas besoin d'écrire une phrase complète comportant un sujet, un verbe et un complément.

CONSEILS

S'entraîner à :
– observer et identifier les types de document ;
– découvrir le sens général du texte ;
– associer des indices aux mots clés (prix = tarif, €) ;
– repérer des informations de temps, de lieu ;
– trouver sur un plan des indications pour s'orienter.

1 Suivre des instructions simples

— Situation de la vie privée

Activité 1

Vous trouvez ce message
sur la table de la cuisine.

1 - Qui vous écrit ?
☐ Étienne.   ☐ Juliette.   ☐ Maria.

2 - Qu'est-ce que vous faites en fin de journée ?
☐ Vous recevez des amis.
☐ Vous regardez un film.
☐ Vous allez au restaurant.

3 - Étienne et Maria viennent avec quoi ?
☐ Des fleurs.
☐ Des desserts.
☐ Des boissons.

4 - On vous écrit pour vous demander quoi ?

> Coucou,
>
> Étienne et Maria viennent dîner à la maison ce soir à 19 h 30 et ils apportent deux gâteaux. Est-ce que tu peux aller acheter du poisson et des légumes ? Prends aussi du fromage. Attention, aujourd'hui le supermarché ferme à 13 h 30. Moi, je rentre à 15 h 30 et après je commence à préparer les plats. Je pense que nous allons passer une bonne soirée ! Demain soir, on peut aller au cinéma.
>
> À plus tard,
>
> Juliette

☐ A.

☐ B.

☐ C.

5 - À quelle heure Juliette revient ?
☐ À 13 h 30.   ☐ À 15 h 30.   ☐ À 19 h 30.

Activité 2

Vous arrivez dans une auberge
et vous voyez ce message à l'entrée.

1 - Pour qui est ce message ?
☐ Les cuisiniers.
☐ Les voyageurs.
☐ Les directeurs.

2 - Comment pouvez-vous payer dans l'auberge ?

> Chers clients,
>
> – Dans l'auberge, vous pouvez payer par carte bancaire, mais nous ne prenons pas les chèques. C'est pareil pour les dollars (il y a un bureau de change à 100 mètres).
> – Dans la cuisine, il faut laver vos plats, verres et assiettes.
> – Dans les chambres, vous ne devez pas faire de bruit après 21 h.
> – Dans la salle de bains, vous devez garder les lieux propres.
>
> Le jour de votre départ, passez à la réception avant 10 h 30.
>
> Rappel : le petit déjeuner est servi de 7 h à 9 h 30.
>
> Bon séjour !
>
> La direction

☐ A.

☐ B.

☐ C.

3 - Où faut-il faire silence le soir ?
- ☐ Dans la cuisine.
- ☐ Dans les chambres.
- ☐ Dans la salle de bains.

4 - Qu'est-ce que vous devez faire avant de partir ?

....

5 - À quelle heure pouvez-vous boire un jus d'orange et manger un croissant ?

☐ A.　　　　　　　　　　☐ B.　　　　　　　　　　☐ C.

Activité 3

Vous recevez
ce document par erreur.

1 - Qu'est-ce que c'est ?
- ☐ Un courriel.
- ☐ Une publicité.
- ☐ Une carte postale.

2 - Où est Mélanie ?

....

Salut Mélanie,

Est-ce que tu passes de belles vacances en Bretagne ? Je suis arrivée lundi dernier à Genève en Suisse. Il fait un temps magnifique. Je me promène dans le centre-ville, je fais du vélo et je lis des livres dans les cafés. Jeudi, je vais visiter Lausanne et dîner dans un restaurant à côté du lac Léman. Je reviens en avion à Paris dimanche soir. Téléphone-moi quand tu peux.

Je t'embrasse,

Ana

Mélanie Lombard

34 rue des chênes

Quimper 29000

3 - Qu'est-ce que fait Ana ?

☐ A.　　　　　　　　　　☐ B.　　　　　　　　　　☐ C.

4 - Quand Ana rentre en France ?
- ☐ Jeudi.　　　☐ Lundi.　　　☐ Dimanche.

5 - Qu'est-ce que doit faire Mélanie ?
- ☐ Venir.　　　☐ Écrire.　　　☐ Appeler.

Activité 4

Vous recevez ce message dans votre boîte aux lettres.

Laurine et Antoine

vous attendent le samedi 30 juillet pour fêter leur bonheur.

Cérémonie civile 14 h 30 • Mairie, 23 rue Auguste Renoir
Vin d'honneur 17 h 30 • Salle des fêtes, 32 rue Émile Zola
Dîner 20 h 00 • Salle des fêtes, 32 rue Émile Zola
Soirée concert 22 h 30 • Salle des fêtes, 32 rue Émile Zola

Pour réserver une chambre, contactez
Marion et Mathieu avant le 25 juin.

Réponse souhaitée avant le 28 mai.
Laurine et Antoine
12, rue de Loire 37100 Tours

1 - Ce message est une invitation pour quoi ?
☐ Un mariage.
☐ Une naissance.
☐ Un anniversaire.

2 - Qui vous invite ?

....

3 - Vous êtes invité quand ?
☐ Le 28 mai.
☐ Le 25 juin.
☐ Le 30 juillet.

4 - Dans combien de lieux différents on vous invite ?

....

5 - À quelle heure vous pouvez écouter de la musique et danser ?
☐ À 17 h 30.
☐ À 20 h 00.
☐ À 22 h 30.

2 Lire pour s'orienter dans l'espace

— Situation de la vie publique

Activité 5

Vous marchez dans la rue et une personne vous donne ce document.

1 - On vous propose quoi ?
☐ Des fêtes.
☐ Des cours.
☐ Des vacances.

2 - Où allez-vous pour payer ?
☐ Au 14, rue Richard Lenoir.
☐ Au 24, rue Albert Thomas.
☐ Au 55, rue Auguste Comte.

3 - Qu'est-ce qu'il faut donner pour faire du sport ?

☐ A.

☐ B.

☐ C.

4 - Quelle est l'adresse des cours de danse ?

....

5 - Quand est-ce que vous pouvez jouer avec un ballon ?
☐ Le matin.
☐ L'après-midi.
☐ Le soir.

Des sports et des arts près de chez vous !

Le Centre culturel situé au 14, rue Richard Lenoir vous propose des sports et des arts.

Pour vous inscrire,
venez à l'accueil du Centre situé au 55, rue Auguste Comte, avec une photo, un certificat médical et un chèque.

Salsa/Tango
24, rue Albert Thomas
Lundi de 10 h à 12 h
Professeur Guerin

Football/rugby
34, rue Joseph Gillet
Mercredi de 14 h à 16 h
Professeur Roussel

Dessin/peinture
15, rue Antoine Lumière
Vendredi de 18 h 30 à 20 h 30
Professeur Germain

Pour toute information **01.34.65.23.55**

Activité 6

Vous êtes devant l'entrée principale de la clinique et vous lisez ce message.

1 - Pourquoi l'entrée principale est fermée ?

☐ A.

☐ B.

☐ C.

Chers visiteurs,

L'entrée principale et le jardin sont fermés cette semaine parce que la clinique loue les lieux à une société de production de cinéma pour faire un film. L'entrée principale ouvre ce week-end.

Pendant ce temps, l'accueil est à côté du bureau des frais de séjour.

Pour aller à la cafétéria (ouverte de 8 h à 18 h), vous devez entrer par la rue d'Arcole. Après, passez par le bureau des admissions et descendez l'escalier.

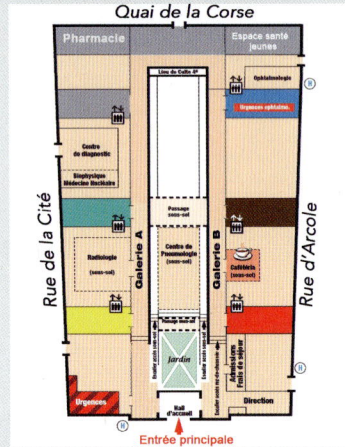

Pour aller au centre de radiologie (ouverte au public de 9 h à 11 h 30), il faut entrer par la rue de la Cité. Passez devant les urgences et allez dans la galerie A.

Pour aller à la pharmacie (ouverte de 10 h à 18 h), entrez par le quai de la Corse. Après, tournez à droite.

La direction de la clinique

2 - Où est l'accueil cette semaine ?
☐ À côté de l'entrée de la cafétéria. ☐ En face du service des urgences. ☐ Près du bureau des admissions.

3 - Par où vous passez pour aller boire un café ?
☐ Par la rue d'Arcole.   ☐ Par la rue de la Cité.   ☐ Par le quai de la Corse.

4 - Par où entrez-vous pour acheter des médicaments ?

5 - On peut utiliser l'entrée principale quel jour ?
☐ Jeudi.   ☐ Vendredi.   ☐ Samedi.

Activité 7

Vous êtes devant le bureau de poste et vous lisez ce message sur la porte d'entrée.

1 - Qu'est-ce que ce message vous explique ?
☐ Il y a une grève des agents.
☐ Il y a des travaux à 50 mètres.
☐ Il y a un autre bureau de poste.

2 - Quand le bureau de poste va rouvrir ?
☐ En mai.   ☐ En juin.   ☐ En août.

3 - Où vous devez aller pour envoyer un colis ?

4 - Qu'est-ce qu'on vous propose ?
☐ De marcher.
☐ D'aller en voiture.
☐ De prendre le métro.

Madame, Monsieur,

Nous vous informons que la poste du 13, avenue Niel est fermée pour travaux du 1er avril au 31 juillet.

Pendant les travaux, allez à la poste du 27, rue des Renaudes (5 minutes à pied) ouverte de 9 h à 17 h du mardi au vendredi et de 9 h 30 à 12 h 30 le samedi.

À pied : remontez l'avenue Niel et tournez à droite sur la rue Fourcroy. Après, prenez la troisième rue à droite. Le bâtiment est à côté de l'école. À l'entrée, deux agents vous accueillent.

Les agents de la poste

5 - Vous voulez aller à la poste pour acheter des timbres. Vous êtes devant la librairie, avenue Niel. Avec les explications du document, dessinez le chemin pour aller à la poste ouverte.

Activité 8

Vous voulez faire du sport.
Un ami vous donne ce document.

1 - Qu'est-ce que c'est ?
☐ Une invitation.
☐ Une inscription.
☐ Une réservation.

2 - À quelle heure pouvez-vous venir ?

☐ À 12 h 15.
☐ À 14 h 30.
☐ À 16 h 45.

3 - On vous propose quoi ?

Journée portes ouvertes

Notre club de sport situé au 18, rue Léon Gambetta, organise une journée d'accueil le 15 septembre de 13 h à 16 h 30 et nous vous proposons de venir pour avoir des informations sur les sports du club et pour parler avec les professeurs.

Pour venir au club, prenez la ligne 1 du métro et sortez à la station Gambetta. Remontez la rue de Flandre et tournez à gauche rue Mourmant. Après, tournez à droite. Faites 100 mètres et vous arrivez à notre club. Il est en face du commissariat.

Pour toute information : 01.20.54.67.12

☐ A.

☐ B.

☐ C.

4 - Le club de sport est devant quoi ?

....

5 - Vous êtes à la station de métro Gambetta. Avec les explications du document, dessinez le chemin pour aller au club de sport.

3 Lire pour s'orienter dans le temps

— **Situation de la vie professionnelle**

Activité 9

Vous venez de recevoir ce courriel.

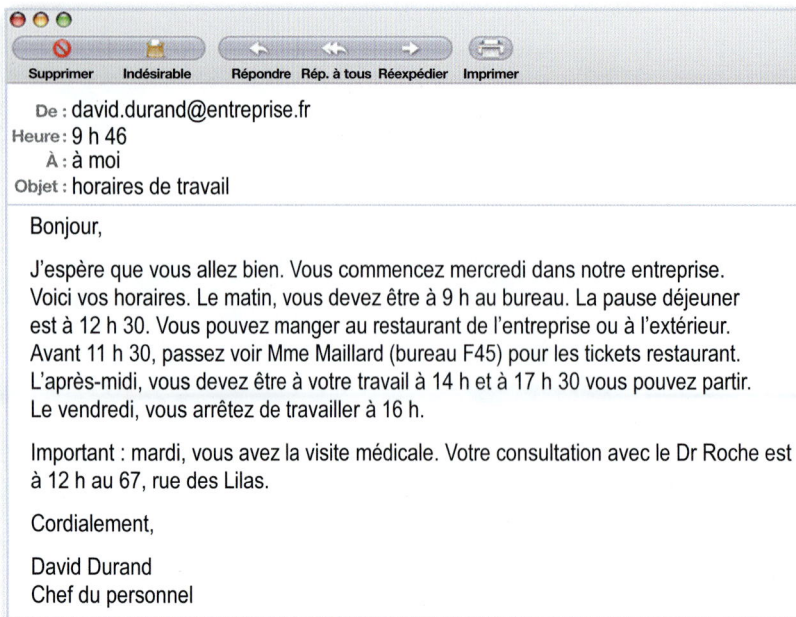

De : david.durand@entreprise.fr
Heure : 9 h 46
À : à moi
Objet : horaires de travail

Bonjour,

J'espère que vous allez bien. Vous commencez mercredi dans notre entreprise. Voici vos horaires. Le matin, vous devez être à 9 h au bureau. La pause déjeuner est à 12 h 30. Vous pouvez manger au restaurant de l'entreprise ou à l'extérieur. Avant 11 h 30, passez voir Mme Maillard (bureau F45) pour les tickets restaurant. L'après-midi, vous devez être à votre travail à 14 h et à 17 h 30 vous pouvez partir. Le vendredi, vous arrêtez de travailler à 16 h.

Important : mardi, vous avez la visite médicale. Votre consultation avec le Dr Roche est à 12 h au 67, rue des Lilas.

Cordialement,

David Durand
Chef du personnel

1 - Quel est votre premier jour de travail ?
☐ Mardi.   ☐ Mercredi.   ☐ Vendredi.

2 - Quand finit la pause déjeuner ?

....

3 - Qui vous devez aller voir le matin ?
☐ M. Roche.   ☐ M. Durand.   ☐ Mme Maillard.

4 - À quelle heure vous pouvez rentrer chez vous vendredi ?
☐ À quatorze heures.   ☐ À quinze heures.   ☐ À seize heures.

5 - Où vous devez être ce mardi à midi ?

☐ A.   ☐ B.   ☐ C.

Activité 10

Vous travaillez dans une grande entreprise. Votre directeur vous donne son emploi du temps de la semaine pour écrire ses nouveaux rendez-vous.

Lundi 12	Mardi 13	Mercredi 14	Jeudi 15	Vendredi 16
10 h-12 h Réunion d'informations	9 h-12 h Conférence internationale 12, rue Jean Mermoz	9 h-11 h 30 Salon commercial au Parc des Expositions	9 h 30-10 h 30 Rendez-vous à la banque (Mme Durand) 45, rue Jeanne d'Arc	9 h-11 h 30 Réunion avec le conseil d'administration
14 h Rendez-vous avec M. Gauthier	14 h-15 h Rendez-vous avec la comptable (Mme Chevalier)	12 h Restaurant avec un client (M. Perrin)	13 h-20 h Voyage professionnel – Visite d'un site de production. Départ gare du Nord à 14 h 15	14 h Rendez-vous extérieur avec un client (M. Garcia) 34, rue Guillaume Apollinaire
15 h-16 h Rendez-vous avec un client (M. Dumont)		14 h-18 h Salon commercial au Parc des Expositions		

1 - Où doit être votre directeur lundi matin ?

☐ A.   ☐ B.   ☐ C.

2 - Quand votre directeur a un déjeuner ?
☐ Lundi.   ☐ Mercredi.   ☐ Vendredi.

3 - Quand votre directeur prend le train ?

....

4 - Votre directeur a oublié son emploi du temps. Il fait quoi cette semaine ? Reliez les jours avec les images.

Mardi •   • **A.**

Jeudi •   • **B.**

Vendredi •   • **C.**

5 - Où est le dernier rendez-vous de la semaine ?

....

Activité 11

Vous travaillez dans un magasin.
Vous voyez ce message à côté de la machine à café.

1 - Pour qui est ce message ?
☐ Les clients.
☐ Les vendeurs.
☐ Les directeurs.

2 - Vous devez travailler quand ?
☐ Le lundi 16 mai.
☐ Le mardi 1er novembre.
☐ Le vendredi 11 novembre.

3 - Qui doit recevoir un document ?
☐ M. Lejeune.   ☐ Mme Monnier.   ☐ Mme Garnier.

4 - Qu'est-ce que vous devez demander à Mme Garnier ?

....

5 - Vous pouvez partir en vacances quand ?
☐ En janvier.   ☐ En juillet.   ☐ En août.

> À l'attention des salariés,
>
> Nous vous informons que cette année nous ne travaillons pas le lundi 28 mars, le lundi 16 mai et le vendredi 11 novembre. Mais attention, vous devez être au magasin le vendredi 1er janvier, le mardi 1er novembre, le jeudi 14 juillet et le jeudi 5 mai.
>
> Merci de donner votre formulaire d'heures de travail à Mme Monnier (bureau n° 8) avant le 25 du mois. Le dernier jour du mois, passez voir Mme Garnier pour prendre votre fiche de paie (bureau n° 5).
>
> Nous vous rappelons que le magasin est fermé tout le mois d'août.
>
> M. Lejeune et M. Laporte

Activité 12

Vous trouvez ce message sur votre bureau.

> Bonjour,   Mardi 5 avril
>
> Voici des dates importantes. Le lundi 11 avril à 10 h 30,
> nous avons une réunion en salle 35 et après nous allons
> au restaurant. Avant le vendredi 22 avril, vous devez
> m'envoyer votre plan d'étude. Le jeudi 6 mai, je dois pouvoir
> lire votre étude complète et avant le 20 mai, vous faites
> les dernières corrections. En juin, nous présentons votre
> étude à notre client. J'ai des livres intéressants pour vous
> sur le sujet. Passez me voir demain à 10 h (bureau 7).
> Bonne journée.
> Gérard Loiseau

1 - Qui est Gérard Loiseau ?
☐ Votre directeur.
☐ Votre secrétaire.
☐ Votre professeur.

2 - Où est-ce que vous allez après la réunion ?

☐ A.

☐ B.

☐ C.

3 - Quand devez-vous montrer votre travail fini à Gérard Loiseau ?
☐ En avril.
☐ En mai.
☐ En juin.

4 - Vous faites quoi dans deux mois ?

....

5 - Qu'est-ce que Gérard Loiseau va vous donner ?

☐ A.

☐ B.

☐ C.

4 Lire pour s'informer

— Situation d'éducation et de formation

Activité 13

Vous lisez ces quatre petits messages sur le tableau d'affichage de la cafétéria de l'université.

Étudiant cherche chambre, studio ou 2 pièces, 10-20 m^2, proche métro et en centre-ville (si possible) avant septembre, 350 €. Contactez Julien Dubois au 06.74.34.78.23 ou par mail : julien.dubois@gmail.com.
A

À louer studio neuf meublé, 20 m^2 dans grand immeuble, 4e étage, en centre-ville, garage, ascenseur, 340 € + eau et chauffage. Visite possible le 31 septembre. Appelez M. Girard au 06.65.34.65.23.
B

Loue un 2 pièces, non meublé, cuisine séparée, 42 m^2, banlieue calme, voisins sympas, métro 15 min à pied, 635 € + eau et chauffage. Libre après le 1er septembre. Tel : 06.65.12.54.78. Mme Dupont.
C

Loue chambre étudiante meublée, 16 m^2, dans petite résidence, quartier sûr, proche universités et à côté du métro, 292 € avec eau et chauffage. Libre le 15 août. M. Fontaine. Tel : 06.54.67.32.65.
D

1 - Vous cherchez un grand appartement loin du centre. Qui vous appelez ?

....

2 - Vous avez une voiture et vous voulez habiter au centre. Vous prenez le numéro de téléphone de l'annonce …
☐ A.   ☐ B.   ☐ C.   ☐ D.

3 - Vous voulez trouver une location à côté de votre lieu d'études et près du métro. Vous appelez le …
☐ 06.74.34.78.23.
☐ 06.65.34.65.23.
☐ 06.65.12.54.78.
☐ 06.54.67.32.65.

4 - Quelle location coûte trop cher pour Julien ?
☐ Le studio.
☐ Le 2 pièces.
☐ La chambre.

5 - Qui Julien doit appeler ?
☐ M. Girard.
☐ M. Fontaine.
☐ Mme Dupont.

Activité 14

Vous êtes à l'université.
Un étudiant vous donne ce document.

1 - Pour qui est ce document ?

....

2 - Vous pouvez vous inscrire à des leçons de…
- ☐ langue.
- ☐ danse.
- ☐ chant.

3 - Quand les leçons commencent ?
- ☐ Le 26 juin.
- ☐ Le 1ᵉʳ juillet.
- ☐ Le 5 août.

4 - À qui écrivez-vous pour savoir combien coûtent les leçons ?
- ☐ À blanc@univ.fr.
- ☐ À faure@univ.fr.
- ☐ À legrand@univ.fr.

5 - Où est la fête ?

....

Cours d'été

Vous êtes étranger et vous aimez la langue
et la culture françaises ?
L'université vous propose des cours de français cet été
du 1ᵉʳ juillet au 31 août

Lieux des cours : bâtiments B et D.
Inscrivez-vous du 26 juin au 30 juin au secrétariat
dans le bâtiment A.

Pour avoir des informations
sur le **prix des cours**, écrivez à : **blanc@univ.fr**

Pour connaître le lieu
des **sorties culturelles**, écrivez à : **faure@univ.fr**

Pour demander le **formulaire
d'inscription**, écrivez à : **legrand@univ.fr**

Venez parler, danser et chanter à la soirée française
le 5 août à 18 h dans le bâtiment C.

Activité 15

Vous voyez ce document à l'université
sur le tableau d'affichage.

1 - Ce document propose quoi ?
- ☐ Des fêtes sympas pour danser.
- ☐ Des moments de conversation.
- ☐ Des après-midis jeux de société.

2 - Quand vous pouvez parler de film ?

....

3- Où devez-vous aller pour parler de livres ?
- ☐ Au 25, rue Jules Verne.
- ☐ Au 67, rue Hector Berlioz.
- ☐ Au 5, rue Antoine Lavoisier.

4 - On vous donne des explications pour venir comment ?
- ☐ En train.
- ☐ En métro.
- ☐ En voiture.

5 - Qu'est-ce qu'on fait les mardis soirs ?
- ☐ On écrit.
- ☐ On mange.
- ☐ On chante.

Les soirées du mardi

Tous les mois, venez à nos soirées étudiantes.
19 h 30. Dîner. Ouvert à tous !

Les soirées sport (1ᵉʳ mardi). Venez parler de
football, de rugby, de tennis…
Café de la Gare, 54, rue Aristide Briand,
ligne 5, en face de la station.

Les soirées lectures (2ᵉ mardi). Venez parler
de romans et de poésies.
Café de l'Université, 5, rue Antoine Lavoisier,
ligne 8, à côté de la station.

Les soirées cinéma (3ᵉ mardi). Venez
parler de comédies et de drames. Café
Mademoiselle, 67, rue Hector Berlioz, ligne 12,
à droite de la station.

Les soirées voyage (4ᵉ mardi). Venez parler de
vacances et de tourisme. Café du commerce,
25 rue Jules Verne, ligne 3, à gauche de la
station.

Activité 16

Votre enfant revient à la maison et vous donne ce message.

> Jeudi 1er septembre
>
> Chers parents,
>
> Je vous écris pour souhaiter la bienvenue à votre enfant dans la classe pour cette année et pour vous inviter à une réunion le vendredi 16 septembre à 18 h dans la grande salle. Je vais vous parler des cours, des devoirs, des tests et des notes. Je vous propose de me donner une réponse avant le mercredi 14. Tous les soirs, vous devez prendre le cahier rouge de votre enfant et lire les messages. Vous pouvez aussi écrire une demande de rendez-vous dedans pour venir me voir le lundi ou le mardi.
>
> Bonne réussite à votre enfant !
>
> Pauline Colin

1 - Qui vous écrit ?
- ☐ La directrice.
- ☐ La professeur.
- ☐ La baby-sitter.

2 - Où travaille Pauline Colin ?
- ☐ Dans une école.
- ☐ Dans une crèche.
- ☐ Dans une université.

3 - On vous propose de venir le vendredi 16 pour…
- ☐ faire une inscription.
- ☐ avoir des informations.
- ☐ attendre votre fille ou fils.

4 - Qu'est-ce que vous devez toujours faire ?

....

5 - Quand pouvez-vous aller voir Pauline Colin ?
- ☐ Le lundi.
- ☐ Le mercredi.
- ☐ Le jeudi.

1 Suivre des instructions simples

— Situation de la vie privée

Exercice 1 | 6 points

Vous recevez ce message.

1 - Qui vous écrit ce message ? | 1 point

Christophe

▶ On vous demande de trouver qui vous invite.
Vous devez écrire le prénom d'une personne.

2 - On vous invite à quoi ? | 1 point

☐ À un voyage.
☑ À un week-end.
☐ À un anniversaire.

▶ Relisez le message et trouvez les informations
pour répondre à cette question.
Les mots clés sont « samedi » et « dimanche ».

3 - Quand dînez-vous à l'extérieur ? | 1 point

☐ Vendredi.   ☐ Samedi.   ☑ Dimanche.

▶ Vous devez trouver le jour du dîner. Dans le message,
il y a les mots « manger le soir au restaurant ».
Retrouvez ces mots.

4 - Où allez-vous samedi ? | 1 point

 ☑ A.
 ☐ B.
 ☐ C.

▶ On vous demande de trouver
et de reconnaître un lieu. Dans
le message, il y a la phrase
« samedi… près d'un lac ».
À vous de trouver l'image.

5 - Pourquoi devez-vous prendre des vêtements chauds ? | 2 points

Parce que le soir il fait froid.

▶ La réponse à « pourquoi ? »
commence souvent par
« parce que ».
Trouvez « parce que »
dans le message
et vous avez la réponse
à la question.

Salut les amis !

Je vous invite les 11 et 12 mai dans ma maison de campagne.

Voici le programme : samedi, nous déjeunons avec Émilie près d'un lac et après nous nous promenons. Dimanche, nous visitons un château et nous mangeons le soir avec Clément au restaurant. Vous pouvez arriver vendredi soir. La gare est à côté. Quand vous arrivez, vous m'appelez et je viens vous chercher en voiture. Prenez des pulls parce que le soir il fait froid. J'attends votre réponse.

À bientôt,

Christophe

PRÊT POUR L'EXAMEN

❶ **Repérer les mots clés du message** pendant la première lecture. Ce sont les mots importants pour comprendre l'idée générale du document.

❷ **Trouver la fonction du document.** On peut écrire pour informer, inviter, proposer, demander des informations, demander de faire quelque chose, etc.

❸ **Chercher dans le message les réponses à ces questions :** Qui ? À qui ? Quoi ? Où ? Quand ? Comment ? Pourquoi ?

❹ **Identifier la relation entre celui qui écrit (qui ?) et le destinataire (à qui ?)**

❺ **Relire le message une deuxième fois et vérifier ses réponses.**

Exercice 2

6 points

Vous recevez ce message

1 - On vous invite à quoi ?   **1 point**
- ☐ À un dîner.
- ☐ À un mariage.
- ☐ À un anniversaire.

2 - Que vous propose Pascal samedi après-midi ?   **2 points**
- ☐ Regarder un film.
- ☐ Visiter un château.
- ☐ Marcher à la campagne.

3 - Quand Pascal vous invite chez lui ?   **1 point**
- ☐ Vendredi.
- ☐ Samedi.
- ☐ Dimanche.

4 - Où allez-vous pour la soirée de Pascal ?   **1 point**

....

5 - Vous devez venir avec quoi ?   **1 point**

> Salut !
>
> Je t'invite, pour mes 25 ans, à venir samedi midi au restaurant au 15, rue Louis Pasteur. L'après-midi à 14 h, nous prenons la voiture et nous allons nous promener dans la forêt et les champs. Dimanche soir, je fais une fête dans mon appartement à 20 h et tu es aussi invité. J'habite au 18, rue Jean Moulin à côté de la station de métro Vauban. Tu peux venir avec ton ordinateur pour la musique ? Donne-moi une réponse avant vendredi pour le déjeuner.
>
> À samedi,
>
> Pascal,

☐ A.

☐ B.

☐ C.

Exercice 3

6 points

Vous trouvez ce message sur le réfrigérateur.

1 - Qu'est-ce que vous devez d'abord faire ?   **1,5 point**

....

2 - Que devez-vous faire avant 17 h 30 ?   **1,5 point**

....

3 - À quelle heure pouvez-vous passer chez Clara ?   **1 point**
- ☐ À quinze heures.
- ☐ À dix-sept heures.
- ☐ À dix-neuf heures.

4 - Qu'est-ce que va faire Alex ?   **1 point**

– ....

– ....

5 - Où habite votre amie ?   **1 point**
- ☐ Avenue Claude Debussy.
- ☐ Boulevard Paul Cézanne.
- ☐ Rue Antoine de Saint-Exupéry.

> Salut !
>
> Aujourd'hui, je suis au bureau toute la journée. Est-ce que tu peux aller à l'ambassade pour prendre les visas ? Ils sont prêts. Voici l'adresse : 23, rue Antoine de Saint-Exupéry. Il faut passer au bureau n° 5 avec les passeports. C'est ouvert de 9 h à 12 h.
>
> Peux-tu aussi aller à la poste pour envoyer un colis ? La poste de l'avenue Claude Debussy est ouverte de 13 h 30 à 17 h 30. Le paquet est sur la table. Finalement, Clara est d'accord pour garder le chien pendant 2 semaines. Tu peux passer chez elle à 19 h pour lui donner l'animal ? Elle habite au 34, boulevard Paul Cézanne.
>
> Moi, j'achète les billets d'avion et je réserve l'hôtel.
>
> À plus tard,
>
> Alex

2 Lire pour s'orienter dans l'espace

— Situation de la vie publique

Exercice 4　　　　　　　　　　　　　**6 points**

Vous marchez dans la rue
et une personne vous donne ce document.

1 - Où vous allez pour acheter une chemise ?　**1 point**

☑ Quai du Château.
☐ Place du Capitaine.
☐ Place de la Résistance.

▶ On vous demande de trouver l'adresse d'un marché.
Où peut-on acheter des vêtements ?
Cherchez cette information dans le document.

2 - À quelle adresse vous allez pour acheter
un bouquet roses ?　　　　　　　　　**2 points**

Place du Capitaine.

▶ On vous demande de trouver un lieu.
Où peut-on acheter des fleurs ?
Écrivez l'adresse du marché.

LES MARCHÉS DE VOTRE VILLE

Nous vous invitons à venir acheter vos fruits, vos légumes et autres produits dans les marchés de votre ville.

• Le marché Saint-Marceau
Le vendredi de 14 h à 17 h 30
Achetez des fruits, des légumes, de la viande, du pain, des boissons et des fleurs.
Lieu : Place du Capitaine

• Le marché Royal
Le samedi de 18 h à 22 h
Achetez des fruits, des légumes, des œufs, de la viande, du poisson, des livres et des journaux.
Lieu : Place de la Résistance

• Le marché des Quais
Le dimanche de 7 h à 12 h
Achetez des fruits, des légumes, de la viande, du poisson, des meubles et des vêtements.
Lieu : Quai du Château

---

3 - Vous êtes libre l'après-midi pendant la semaine. Vous allez...　**1 point**
☐ au marché Royal.
☐ au marché des Quais.
☑ au marché Saint-Marceau.

▶ Pour trouver ce lieu, vous devez comprendre des informations de temps (l'heure et les moments de la journée). Regardez les horaires d'ouverture des marchés et trouvez le marché qui est ouvert l'après-midi.

4 - Vous pouvez acheter quoi Place de la Résistance ?　**1 point**

☑ A.　　　　　　☐ B.　　　　　　☐ C.

▶ Dans le marché Place de la Résistance, il y a quoi ? Des vêtements ? Des livres ? Des fleurs ?
Retrouvez le marché de cette place dans le document et trouvez la réponse.

5 - Quand pouvez-vous acheter une chaise ?　**1 point**
Le dimanche de 7 h à 12 h.

▶ On vous demande de trouver une information de temps. Vous devez repérer et comprendre des horaires. Retrouvez le marché qui vend des meubles.

Exercice 5

6 points

Dans la rue, une personne vous donne ce document.

Promenade à vélo

Nous vous proposons de vous promener à vélo tous les dimanches. La promenade est gratuite et il ne faut pas s'inscrire.

Le rendez-vous est à 10 h 30 place de la Libération devant la mairie, le départ est à 11 h et le retour vers 13 h.

D'abord, nous remontons la rue de la Liberté. Après, nous prenons la deuxième rue à droite et nous allons tout droit pour sortir du centre-ville

Pour plus d'informations, envoyez un mail à promenade.vélo@villeverte.fr

1 - Pour faire la promenade, vous devez d'abord…   **1 point**

☐ envoyer un courriel.   ☐ aller vous inscrire.   ☐ venir au rendez-vous.

2 - Combien vous payez ?   **1 point**

....

3 - Où est le lieu de rendez-vous ?   **1 point**

....

4 - À quelle heure la promenade commence ?   **1 point**

☐ À 10 h 30.   ☐ À 11 h.   ☐ À 13 h.

5 - Trouvez le lieu du rendez-vous sur le plan et, avec les explications du document, dessinez le chemin à prendre pour sortir du centre-ville.

2 points

6 points

Vous vous promenez dans le centre-ville et une personne vous donne ce document.

> ## Goûts de Provence
> 17, rue du 4 septembre • Aix-en-Provence • 04.42.56.34.65
>
> *Notre restaurant vous accueille
> du mardi au samedi
> sur réservation.*
>
> **Formule simple :**
> entrée + plat ou plat + dessert   **18€**
>
> **Formule classique :**
> entrée + plat + boisson   **22€**
>
> **Formule complète :**
> entrée + plat + dessert   **25€**
>
> **Entrée**
> Œufs mimosa
> Assiette de crudités
> Salade d'avocats
> **Plat**
> Bœuf aux poivrons
> Agneau aux champignons
> Poulet et pommes de terre
> **Dessert**
> Gâteau au chocolat
> Glace à la vanille
> Salade de fruits
>
> **Pour venir de la Fontaine de la Rotonde** (10 min de marche) : quand vous êtes sur l'avenue Victor Hugo, prenez la première rue à gauche. Allez tout droit puis prenez la troisième rue à droite. Nous sommes à une dizaine de mètres sur la droite.

1 - Quand pouvez-vous dîner au restaurant ?   **1 point**
☐ Le lundi.   ☐ Le vendredi.   ☐ Le dimanche.

2 - Vous voulez goûter les œufs et la glace. Vous prenez la formule…   **1 point**
☐ simple.   ☐ classique.   ☐ complète.

3 - Qu'est-ce que vous pouvez manger dans ce restaurant ?   **1 point**
☐ Des pâtes.   ☐ Du poisson.   ☐ De la viande.

4 - On vous donne des explications pour venir…   **1 point**
☐ à pied.   ☐ en bus.   ☐ en métro.

5 - Avec les explications du document, tracez le chemin pour aller de la fontaine au restaurant Goûts de Provence.   **2 points**

3 Lire pour s'orienter dans le temps

— Situation de la vie professionnelle

Exercice 7

6 points

Vous recevez ce courrier électronique.

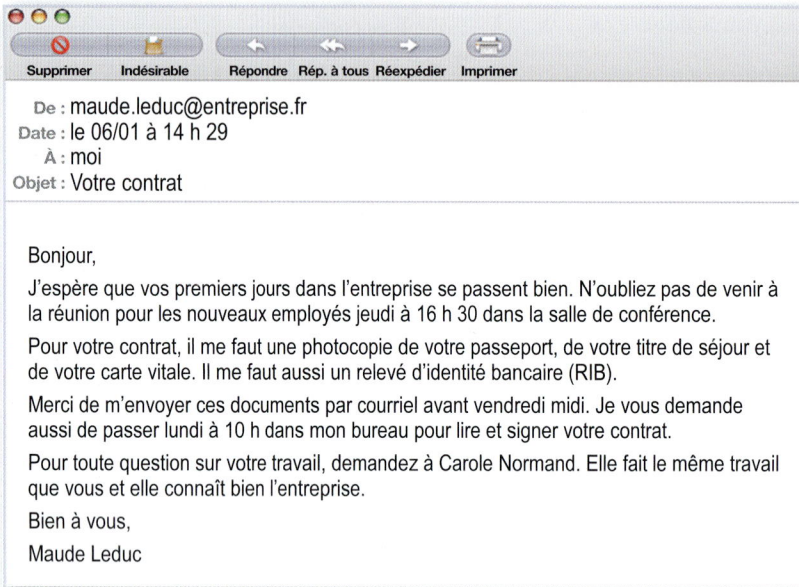

De : maude.leduc@entreprise.fr
Date : le 06/01 à 14 h 29
À : moi
Objet : Votre contrat

Bonjour,

J'espère que vos premiers jours dans l'entreprise se passent bien. N'oubliez pas de venir à la réunion pour les nouveaux employés jeudi à 16 h 30 dans la salle de conférence.

Pour votre contrat, il me faut une photocopie de votre passeport, de votre titre de séjour et de votre carte vitale. Il me faut aussi un relevé d'identité bancaire (RIB).

Merci de m'envoyer ces documents par courriel avant vendredi midi. Je vous demande aussi de passer lundi à 10 h dans mon bureau pour lire et signer votre contrat.

Pour toute question sur votre travail, demandez à Carole Normand. Elle fait le même travail que vous et elle connaît bien l'entreprise.

Bien à vous,

Maude Leduc

1 - À quelle heure vous avez une réunion jeudi ? **1 point**

☐ A.   ☑ B.   ☐ C.

▸ Dans cette question, on vous demande de trouver une information de temps dans le document. Vous devez aussi être capable de lire l'heure.

2 - Maude Leduc vous demande quel document ? **1,5 point**

☑ A.   ☐ B.   ☐ C.

▸ Vous devez chercher dans le message les différents documents demandés. Maude parle de 4 documents. Après, regardez les images et trouver le bon document.

3 - Quand pouvez-vous envoyer les documents demandés ? `1 point`

☑ Lundi. ☐ Jeudi. ☐ Samedi.

▶ Lisez bien la question et recherchez dans le document l'information de temps demandée. Maude Leduc veut ces documents « avant vendredi ».

4 - Qu'est-ce que vous devez faire la semaine prochaine ? `1,5 point`

☑ Signer un document. ☐ Envoyer un courriel. ☐ Faire des photocopies.

▶ Maude Leduc vous envoie ce document le mercredi 6 janvier. La semaine prochaine commence lundi. Recherchez le mot « lundi » dans le document et trouvez la réponse à la question.

5 - Qui est Carole Normand ? `1 point`

☑ Votre collègue. ☐ Votre directrice. ☐ Votre secrétaire.

▶ À la fin du message, Maude Leduc parle de Carole Normand. Elle dit qu'elle « fait le même travail que vous ». Avec cette information, vous pouvez savoir qui est Carole.

Exercice 8 `6 points`

Vous lisez ce document sur votre lieu de travail

1 - Qui vous écrit ce message ? `1 point`

☐ Votre chef.
☐ Votre client.
☐ Votre collègue.

2 - Votre entreprise va changer quoi ? `2 points`

☐ Le temps de travail.
☐ Les heures de pause.
☐ Les dates de vacances.

3 - Le lundi 4 janvier, à quelle heure le magasin ferme ? `1 point`

☐ À 12 h 30.
☐ À 17 h 30.
☐ À 19 h 00.

> Bonjour à tous,
>
> Nous vous informons que notre magasin change d'horaires après le 1er janvier.
>
> Pendant encore un mois, notre magasin est ouvert de 9 h 30 à 12 h 30 et de 13 h 30 à 17 h 30 du lundi au vendredi et le samedi de 9 h 30 à 12 h 30. Après la date du 1er janvier, le magasin est ouvert de 8 h à 19 h du lundi au vendredi et le samedi de 8 h 30 à 12 h 30.
>
> Nous vous enverrons bientôt par courriel vos nouveaux horaires de travail. Attention, vous allez devoir travailler 1 heure de plus par semaine.
>
> Le directeur

4 - Avant le 1er janvier, à quelle heure ouvre le magasin l'après-midi ? `1 point`

☐ A. ☐ B. ☐ C.

5 - Vous allez recevoir quoi ? `1 point`

☐ Un mail.
☐ Un texto.
☐ Une lettre.

Exercice 9   6 points

Vous recevez ce courrier électronique.

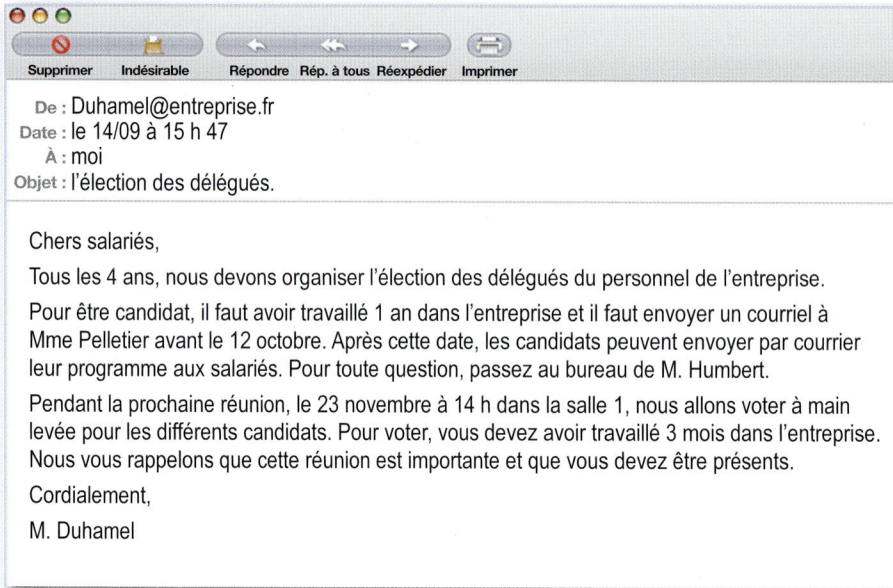

Supprimer Indésirable   Répondre Rép. à tous Réexpédier Imprimer

De : Duhamel@entreprise.fr
Date : le 14/09 à 15 h 47
À : moi
Objet : l'élection des délégués.

Chers salariés,

Tous les 4 ans, nous devons organiser l'élection des délégués du personnel de l'entreprise.

Pour être candidat, il faut avoir travaillé 1 an dans l'entreprise et il faut envoyer un courriel à Mme Pelletier avant le 12 octobre. Après cette date, les candidats peuvent envoyer par courrier leur programme aux salariés. Pour toute question, passez au bureau de M. Humbert.

Pendant la prochaine réunion, le 23 novembre à 14 h dans la salle 1, nous allons voter à main levée pour les différents candidats. Pour voter, vous devez avoir travaillé 3 mois dans l'entreprise. Nous vous rappelons que cette réunion est importante et que vous devez être présents.

Cordialement,

M. Duhamel

1 - Qui écrit ce message ?   1 point

....

2 - Avant quand faut-il décider d'être candidat ?   1 point

☐ Le 14 septembre.   ☐ Le 12 octobre.   ☐ Le 23 novembre.

3 - Qui vous allez voir pour avoir des informations ?   1 point

☐ M. Humbert.   ☐ M. Duhamel.   ☐ Mme Pelletier.

4 - Quand devez-vous donner votre vote ?   2 points

....

5 - Comment devez-vous voter ?   1 point

☐ **A.**   ☐ **B.**   ☐ **C.**

4 Lire pour s'informer

Situation d'éducation et de formation

Exercice 10

7 points

Vous voyez cette affiche sur la porte de la bibliothèque de l'université.

1 - Pour qui sont les conférences ? 1 point
- ☑ Les étudiants.
- ☐ Les professeurs.
- ☐ Les scientifiques.

▶ Ici, on vous pose une question sur le public des conférences ? À qui on propose des conférences ? Cherchez la réponse dans le document.

2 - Qui fait une conférence sur l'écologie ? 2 points
Professeur Fabre.

▶ On vous demande d'écrire le nom d'une personne. Pour trouver cette personne, recherchez dans le document le vocabulaire de l'écologie.

3 - Quand a lieu une conférence sur l'économie ? 1 point
- ☐ Mercredi.
- ☐ Jeudi.
- ☑ Vendredi.

▶ Vous devez trouver dans le message une information de temps. Pour trouver cette information, recherchez dans le document le vocabulaire de l'économie.

4 - Où a lieu la conférence sur la politique ? 2 points
Dans la salle G25.

▶ On vous demande ici de trouver une information de lieu. Un lieu ça peut être une adresse, un bâtiment mais aussi un bureau ou une salle. Pour trouver ce lieu, recherchez dans le document le vocabulaire de la politique.

5 - Il faut envoyer quoi pour s'inscrire aux conférences ? 1 point
- ☐ Un texto.
- ☐ Une lettre.
- ☑ Un courriel.

▶ Dans le message, vous devez repérer les mots « écrivez un mail ». Maintenant, vous devez cocher le mot français pour « mail ».

Conférences

L'université propose aux étudiants des conférences le **10**, **11** et **12 octobre** dans le bâtiment D.

Mercredi 10 octobre de 10 h à 12 h
dans la salle G25
Conférence sur les élections et la démocratie
Professeur Brunet

Jeudi 11 octobre de 14 h à 16 h
dans la salle H55
Conférence : les océans et les mers en danger
Professeur Fabre

Vendredi 12 octobre de 18 h à 20 h
dans la salle K103
Conférence sur le commerce et l'industrie
Professeur Caron

Pour l'inscription aux conférences, écrivez un mail à **conference@univ.fr**

Le Responsable des événements scientifiques

Exercice 11

7 points

Vous trouvez ce document à l'entrée de l'université.

1 - Ce document vous donne quoi ?   **2 points**
- ☐ Des idées de lectures.
- ☐ Des informations utiles.
- ☐ Des explications scientifiques.

2 - Dans la bibliothèque, vous pouvez…   **1,5 point**
- ☐ boire un café allongé.
- ☐ avoir des conversations.
- ☐ répondre à des courriels.

La Bibliothèque Internationale

25, rue Albert Camus • 01.45.63.67.23
biblio@inter.fr • www.biblio-inter.net

Quand je peux venir étudier ?	Du lundi au vendredi de 9 h à 23 h d'octobre à mai
Accès libre et gratuit	– Cinq ordinateurs – Internet – Journaux
Quand je peux rechercher et prendre des documents ?	Du lundi au vendredi de 14 h à 17 h 45 Une bibliothécaire est présente et répond à vos questions. 3 documents pour 2 semaines.
Pour l'inscription	– Un chèque de 50 euros. – La carte étudiante du semestre.

Important : dans la bibliothèque, les boissons sont interdites et il ne faut pas faire de bruit.

3 - À quelle heure pouvez-vous emprunter des documents ?   **1 point**

☐ A.   ☐ B.   ☐ C.

4 - Combien de livres pouvez-vous prendre ?   **1,5 point**

. . . .

5 - Qu'est-ce que vous devez donner pour vous inscrire ?   **1 point**

☐ A.   ☐ B.   ☐ C.

7 points

Vous voyez ces messages sur le tableau d'affichage à l'entrée de la bibliothèque de l'université.

Emploi à la bibliothèque
Licence ou Master demandé.
Lundi, mercredi 14 h-16 h et
le vendredi de 9 h à 11 h.
Envoyez CV et lettre à
menard@univ.fr avant
le 31 janvier.
1

Emploi cuisinier Resto U
Temps plein du mardi au samedi.
Expérience demandée.
CV et lettre à envoyer à
pineau@univ.fr
avant le 5 janvier.
2

**Emploi à l'accueil de
l'université** pour étudiant,
du lundi au vendredi de
9 h à 12 h. Bon niveau
dans 2 langues étrangères.
Envoyez CV et lettre à
pasquier@univ.fr
avant le 15 janvier.
3

La cafétéria cherche
serveur de 15 h à 17 h
du lundi au jeudi.
Envoyez CV et lettre à
tessier@univ.fr
avant le 10 janvier.
4

1 - Vous êtes libre le matin et vous parlez anglais et allemand. À qui vous écrivez ?   **1,5 point**

....

2 - Vous cherchez un travail et vous êtes libre l'après-midi. À qui vous écrivez ?   **1 point**
☐ tessier@univ.fr
☐ menard@univ.fr
☐ pasquier@univ.fr

3 - Vous avez déjà préparé des plats dans un café et vous n'êtes pas libre le lundi.
Vous envoyez votre CV et votre lettre avant quand ?   **1,5 point**

....

4 - Vous cherchez un travail pour fin janvier et vous avez des cours le mardi et le jeudi toute la journée.
Où pouvez-vous travailler ?   **1,5 point**

....

5 - Il faut quoi pour l'annonce 1 ?   **1,5 point**
☐ Une fiche d'inscription.
☐ Une expérience de travail.
☐ Un diplôme de l'université.

PRÊT POUR L'EXAMEN !

Communication

- Annoncer
- Commencer un message
- Demander de faire quelque chose
- Informer
- Interdire
- Inviter
- Préciser
- Prendre congé
- Proposer
- Remercier
- S'excuser
- Suivre un itinéraire

Socioculturel

▶ Pour identifier un message informel et formel :

– message informel : je repère les mots « Salut ! », « Coucou ! », « À bientôt ! », « À demain ! », « À plus tard », « Bises », « Je t'embrasse »,...

– message formel : je repère les mots « Monsieur », « Madame », « Sincères salutations », « Cordialement », « Bonne journée »

▶ Sur un plan, en France :

r. = rue
bd = boulevard
av. = avenue

Grammaire

Les connecteurs logiques : *mais, pour, et, alors, parce que*

Les prépositions de lieu

Les prépositions de temps

Le présent de l'indicatif des verbes *être, avoir, aller, faire, prendre, connaître, savoir, devoir, falloir, pouvoir, vouloir* ... et les verbes *aimer, arriver, chercher, demander, donner, habiter, parler, trouver*

L'impératif négatif

Vocabulaire

▶ Calendrier
▶ Horaires
▶ Vie privée
▶ Vie publique
▶ Vie professionnelle
▶ Éducation et formation

STRATÉGIES

1. Avant de lire un texte, je commence par observer sa forme et lire son titre pour préparer le contexte.

2. Je souligne les chiffres, les dates et les mots clés.

3. Pour mémoriser un mot, je l'écris dans un exemple facile à retenir ou je l'associe à un geste ou à un mouvement du corps.

POUR DIRE

Demander de faire quelque chose
Passe au marché et achète des légumes.
Merci de m'envoyer ces documents par courriel.
Je vous demande de passer demain.
Il faut apporter les trois dernières fiches de paie.

Demander des informations
Tu peux me donner l'adresse du restaurant ?

Informer
Il y a un concert le 10 juin à 20 h devant l'Hôtel de Ville.

Suivre un itinéraire
Prends la première à gauche,
Continue tout droit,
Puis prends la deuxième à droite.

Interdire
Il est interdit de prendre des photos.
Ne pas ouvrir les fenêtres.

Inviter
Je t'invite à mon anniversaire.
Est-ce que tu es disponible ?
Tu veux venir avec nous au marché ?

Poser des questions
Qui ?
À qui ?
Quoi ?
Où ?
Quand ?
Pourquoi ?
Comment ?
Combien ?

Proposer
Tu peux venir avec Camille.
Tu es toujours d'accord pour le rendez-vous de 15 h ?
On pourrait aller au cinéma ce soir.

Remercier
Merci beaucoup pour les fleurs.

S'excuser
Je suis désolé pour le retard.

Se situer dans l'espace
À
En
Dans
Sur
Sous
Devant
Derrière
À côté de/ près de
loin de/en face de
Vers
Par
À gauche, à droite, dedans, dehors, en haut, en bas.

Se situer dans le temps
À
Avant
Après
Pendant
Dans

Année
Janvier
Février
Mars
Avril
Mai
Juin
Juillet
Août
Septembre
Octobre
Novembre
Décembre

Journée
Le Jour
Le matin
La matinée
Midi
L'après-midi
Le soir
La soirée
Minuit
La nuit

Vie privée
Un anniversaire
Un fête
La famille
Le mariage
La naissance
Le dîner
La soirée
Le week-end
Les vacances
Un jeu
Le cinéma
Le concert
La lecture
La musique
Le théâtre
Le sport
Chanter
Danser
Marcher
Se promener

Éducation et de la formation
L'école
L'université
La bibliothèque
La classe
Le bâtiment
La salle
L'étudiant
Le professeur
L'inscription
Le cours
La conférence
Un devoir
Un exercice
Un test
Une note
Un diplôme

Vie professionnelle
Une entreprise
Une société
Un travail
Un bureau
Une réunion
Une pause
Un voyage d'affaires
Une profession
Un métier
Un directeur
Un chef
Un collègue
Un client
Un médecin
Une consultation
Une visite médicale
Une grève

Vie publique
La ville
Le centre-ville
La banlieue
Le quartier
La mairie
La préfecture
La gare
La station
Le commissariat
La poste
L'hôpital
La clinique
La pharmacie
Le marché
La banque
Les travaux

Je suis prêt ?

Les 4 questions à se poser

1. Est-ce que je connais les différents types de correspondances et les formules de salutations et de prises de congé adaptées ?

2. Est-ce que je sais repérer la fonction d'un texte et son sens général : inviter, proposer, informer, demander des informations, demander de faire quelque chose, remercier, s'excuser, interdire ?

3. Est-ce que je connais au moins 4 mots dans chaque liste de cette page ?

4. Est-ce que je suis capable de copier les mots ou la phrase d'un document ?

✔ À faire

AVANT L'EXAMEN

☐ **réviser le** vocabulaire
la vie publique, poser des questions

☐ **réviser la** syntaxe
les prépositions de lieu, les prépositions de temps, l'impératif négatif

☐ **imaginer des indications pour aller dans un lieu public et utiliser un plan pour suivre ces indications**

LE JOUR DE L'EXAMEN

☐ respirer et se détendre
☐ observer la forme du texte
☐ regarder les mots que je reconnais ou
les mots qui ressemblent
aux langues que je connais pour repérer
le thème général

Production
écrite

COMPRENDRE

La production écrite est la troisième épreuve de l'examen du DELF A1.

Durée totale de l'épreuve	**30 minutes**
Nombre de points	**25 points**
Nombre d'exercices	**2 exercices**
Nombre de documents à écrire	**2 documents**
Quand commencer à écrire ?	**Après avoir analysé la consigne, faire l'exercice 1 en 10 minutes, l'exercice 2 en 20 minutes**
Combien de mots écrire ?	**exercice 1 : 10 informations** **exercice 2 : 40 mots minimum**
Quand répondre aux questions ?	**Après avoir tout lu**

Objectifs des exercices

Exercice 1   **Compléter une fiche ou un formulaire**
Exercice 2   **Rédiger des phrases simples sur des sujets de la vie quotidienne**

LES SAVOIR-FAIRE

Il faut principalement être capable de :

Remplir un formulaire

Se présenter

> Nom : ....
> Prénom : ....
> Date de naissance : ....
> Nationalité : ....
> Profession : ....

Proposer/accepter une invitation

Informer

Raconter/rapporter des détails

Respecter les formes de salutation et de prise de congé

Respecter l'utilisation du vouvoiement / tutoiement

> *Salut !*
> *Je suis en vacances à Bruxelles, en Belgique. Tu connais ? Je visite les monuments et les musées. Je suis avec mes parents et mon petit frère. Avec mon petit frère, je joue au football dans le parc en face de l'hôtel. Je rentre le 15 août. On se voit le 16 pour faire une randonnée ?*
> *À bientôt !*

LES EXERCICES ET LES DOCUMENTS

	Supports possibles	Type d'exercice	Nombre de points
Exercice 1 Compléter une fiche ou un formulaire	Fiche, bulletin d'inscription (cours de langue, concours, club de sport, bibliothèque, abonnement), bon de commande, réservation d'hôtel	Un formulaire	10 points
Exercice 2 Rédiger des phrases simples sur des sujets de la vie quotidienne	Carte postale, courriel, lettre, petit texte de présentation, forum	Une correspondance	15 points

LA CONSIGNE

Dans l'épreuve du DELF A1, il y a une consigne pour l'exercice 1 et une consigne pour l'exercice 2.
Elles donnent la situation de l'activité et ce que vous devez faire.
Vous avez 30 minutes pour faire les deux exercices.

LES RÉPONSES

Dans l'exercice 1, il y a **10 informations à donner**.
Dans l'exercice 2, il faut écrire **40 mots minimum**.

Vous pouvez faire les deux exercices dans l'ordre que vous voulez. Lisez bien la consigne.
Les mots clés dans la consigne indiquent ce qu'il faut écrire dans votre production.

Dans l'exercice 1, la consigne indique l'objectif du formulaire et les informations demandées.

La consigne de l'exercice 2 permet d'identifier le type de texte à écrire, le thème et
les informations à donner.

CONSEILS

S'entraîner à :
– copier des coordonnées, des horaires ;
– écrire pour donner des informations sur soi,
sa famille, ses amis, des numéro de réservation.

SE PRÉPARER

1 Se présenter

— **Comprendre une fiche de renseignements**

Activité 1

Mettez les informations du formulaire dans l'ordre.

Passion Livres

Inscription à l'Atelier de lecture

NOM : Nantes
Prénom : 14/03/1969
Date de naissance : evelyne.delayen@wana.fr
E-mail : 21 rue de la saussière
Adresse (N° et nom de la voie) : Évelyne
Code postal : DELAYEN
Ville : France
Pays : 02.40.41.93.36
Téléphone : 44000

Activité 2

Classez et **recopiez** les mots dans la bonne case pour inscrire Esteban à une école de langues à Lille.
59000 – Esteban – 07 86 54 79 02 – 27 ans – LOPEZ – Lille – elopez@gmai.fr – 15 avenue de la liberté

NOM :	
Prénom :	
Adresse :	
Code postal :	
Ville :	
Téléphone :	
Adresse électronique :	
Âge :	

— **Utiliser des informations précises et courtes**

Activité 3

Voici un bon de commande en ligne. Vous commandez deux shampoings (10 euros l'unité) et un pantalon (60 euros) sur internet. **Remplissez** le formulaire avec les informations demandées.

BON DE COMMANDE n° 2016/04/02		
INFORMATIONS DE LIVRAISON :		**MODE DE PAIEMENT :**
Nom :	Prénom :	Carte bancaire
Adresse complète :		
Pays :		
Téléphone :	E-mail :	
ARTICLE	**QUANTITÉ**	**PRIX**
PRIX TOTAL		

Activité 4

Lisez cette lettre et **complétez** la fiche d'inscription à l'école de musique.

Madame, Monsieur,

Mon fils Antoine a 12 ans. Il veut apprendre à jouer du piano.
Il souhaite s'inscrire au cours débutant du mercredi soir à 19 heures.

Merci de confirmer son inscription.

Cordialement,

Hélène Duroc

FICHE D'INSCRIPTION

NOM : ....
(en majuscules)

Prénom : ....

Âge de l'élève : ....

Niveau : ....

Instrument de musique : ....

Horaires : ....

Activité 5

Lisez ces informations sur Rémi et **remplissez** le sondage sur les pratiques culturelles des Français.

Je m'appelle Rémi Blanchard. Je suis français. J'ai 33 ans et j'habite au 25, rue Rodier à Paris. Je suis entraîneur international pour un club de golf. On peut me contacter sur mon mail : rb22golf@courriel.fr, ou sur mon portable : 06.45.87.66.12.

J'adore le sport et je cours tous les jours au moins 2 heures avec mes amis sportifs. J'aime aussi les sorties culturelles. Je vais parfois cinéma et je lis un livre par mois.

Coordonnées : ....
....
Âge : ....
Sexe : ....
Nationalité : ....
Profession : ....
Sport pratiqué : ....
Fréquence : ....
Loisirs préférés : ....

2 Écrire un texte court

— Comprendre la consigne

Activité 6

Vous êtes en vacances en été à la montagne dans les Alpes en France. Vous **écrivez** une carte postale à vos amis français. Vous **décrivez** vos activités et la météo. (40 mots minimum)

Repérez les mots clés de la consigne et répondez aux questions :

1 - qui ? ....

2 - à qui ? ....

3 - où ? ....

4 - quand ? ....

5 - quoi ? ....

6 - pour dire quoi ? ....

7 - comment ? ....

Activité 7

Reliez la consigne à la production correspondante.

Consigne 1
Vous êtes en vacances en Belgique chez des amis. Vous écrivez une carte postale à une amie suisse. Vous racontez avec qui vous êtes. Vous parlez de vos activités et du temps qu'il fait. Vous dites quand vous revenez en Suisse. (40 mots minimum)

Consigne 2
Vous passez chez un ami pour prendre un café. Il est absent. Vous laissez un mot dans sa boîte aux lettres. Vous lui demandez d'appeler quand il rentre. (40 mots minimum)

Consigne 3
Vous allez fêter votre anniversaire. Vous écrivez une invitation par mail à tous vos amis. Vous indiquez où et quand est le rendez-vous. Vous leur demandez de confirmer leur venue et d'apporter quelque chose à boire ou à manger. (40 mots minimum)

A.

Salut Paul,
Tu vas bien ? Nous sommes passés chez toi à 18 heures pour boire un café. Tu n'étais pas là. Appelle-nous quand tu rentres. On espère te voir ce week-end.
À très bientôt. On t'embrasse, Fatou et Damien

B.

Salut à tous,
Je vous informe que je fais une grande fête vendredi prochain pour mon anniversaire. Venez tous chez moi à 19 heures. Apportez des boissons ou à manger s'il vous plaît. J'attends votre réponse par mail à : helene@courriel.fr, ou par téléphone au : 06.99.24.09.37.
Merci
Bises
Hélène

C.

Bruxelles, le 14 août
Bonjour Laure,
Comment ça va ? Moi, je vais bien. Je suis à Bruxelles en Belgique chez des amis. Je visite tous les musées de la ville. J'adore l'Atomium. Il fait beau. Je rentre à Lausanne mercredi prochain. On se voit bientôt ?
Téléphone-moi. Bises
Jérôme

Raconter/rapporter des détails

Activité 8

C'est l'été. Vous êtes en voyage au Québec, à Montréal. Vous marchez dans la ville et visitez les sites historiques. Vous mangez des plats typiques dans des restaurants. Vous écrivez une carte postale à votre frère. Vous **racontez** où vous êtes et ce que vous faites. Vous **demandez** à le voir bientôt. (40 mots minimum)

....

....

....

Activité 9

Dans votre agenda personnel, vous **décrivez** vos activités des trois prochains jours.
Écrivez une phrase par jour avec un détail.

JUILLET		
Vendredi 9	**Samedi 10**	**Dimanche 11**

Donner une information

Activité 10

Vous **écrivez** un courriel à votre correspondant(e) francophone pour la première fois. Vous vous **présentez**, vous dites où vous **habitez** et ce que vous faites (travail, études, loisirs). Vous lui **posez** des questions sur ses loisirs. (40 mots minimum)

....

....

....

Activité 11

Vous étudiez dans une école de langues. Votre professeur de français vous demande d'écrire un petit texte de présentation, vous **parlez** de votre famille et de vos loisirs. (40 mots minimum)

....

....

....

— Proposer, inviter, accepter, refuser, annoncer

Activité 12

Vous **annoncez** à vos amis votre promotion à Londres. Vous les **invitez** à fêter la bonne nouvelle. Vous **écrivez** un courriel. Vous **décrivez** la raison de votre message, le lieu, la date, l'heure du rendez-vous et vous demandez d'apporter une boisson. Vous leur **demandez** de confirmer par courriel. Adaptez la formule de politesse. (40 mots minimum)

| Supprimer | Indésirable | Répondre | Rép. à tous | Réexpédier | Imprimer |

De :
Date :
À :
Objet :

Activité 13

Pour les vacances d'été, vos amis vous **proposent** de venir passer une semaine à la mer dans leur maison de vacances. Vous leur **écrivez** une lettre pour **accepter** leur invitation. Vous rappelez pourquoi vous écrivez, vous **confirmez** votre venue et vous **annoncez** votre arrivée (dates, durée du séjour).
Vous **remerciez** vos amis et adaptez la formule de politesse. (40 mots minimum)

Activité 14

Votre enfant se marie. Vous **écrivez** le carton d'invitation au mariage. Vous **donnez** la date, le lieu de l'invitation et demandez de confirmer (délai). Vous **rappelez** vos coordonnées (adresse, courriel ou téléphone) pour recevoir la confirmation de la venue de vos invités.

Activité 15

Un collègue part travailler aux États-Unis. Il vous invite à sa fête de départ. Vous n'êtes pas disponible à la date proposée. Vous le **félicitez**. Vous **refusez** l'invitation. Vous **expliquez** pourquoi. (40 mots minimum)

....

....

....

1 Se présenter

Lisez le formulaire d'inscription à votre bibliothèque à Bordeaux. **Complétez** le formulaire.

VOTRE FICHE D'INSCRIPTION

NOM : *VARIN*
Prénom : *Estelle*
Date de naissance : *29/05/1982*
Nationalité *Française*
Adresse : *21 cours de l'Yser*
Code postal *33000*
Ville : *Bordeaux*
Tél. mobile : *0656874253*
Adresse électronique : *e.varin@courriel.fr*
Profession : *pharmacienne*

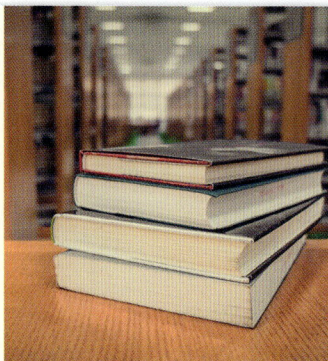

▶ **Ce qui vous est demandé** : donner des informations aux endroits indiqués, écrire des chiffres + dates, nom, nationalité, adresse, date de naissance sur un formulaire d'inscription à une bibliothèque.

▶ **Ce que vous devez faire** :
– écrire un nom, un prénom et des coordonnées. Vous pouvez inventer une identité. À l'examen, le nom de famille est remplacé par XXXX pour rester anonyme.
– En français, le nom de famille s'écrit en majuscules ;
– la date de naissance s'écrit soit : 09/04/1978 ou 9 avril 1978 ;
– la nationalité est toujours au féminin ;
– en français, le numéro de téléphone a 10 chiffres ;
– donner l'adresse : rue, avenue, boulevard, place + nom.

Complétez ce formulaire pour un abonnement de train.

Cartes et abonnement

VOS COORDONNÉES

Civilité : ☐ Mademoiselle   ☐ Madame   ☐ Monsieur

NOM : [_____]   Prénom : [_____]

Date de naissance : [_____]

Courriel : [_____]

Adresse (N° et nom de la voie) : [_____]

Code postal : [_____]   Ville : [_____]   Pays : [_____]

Téléphone : [_____]

Destination de voyage préférée : [_____]

Exercice 3

10 points

Vous êtes une famille avec trois enfants. Vous **complétez** ce formulaire pour réserver une chambre double et trois chambres simples à l'hôtel.

HÔTEL SAINT-MALO

Date d'arrivée	
Date de départ	

Adulte(s) ▾   Enfant(s) ▾   Chambre(s) ▾

DOUBLE ☐
SIMPLE ☐

Petit-déjeuner ☐

HÔTEL SAINT-MALO

REMPLISSEZ LE FORMULAIRE AVEC VOS COORDONNÉES

INFORMATIONS PERSONNELLES
Tous les champs sont obligatoires

DÉJÀ ENREGISTRÉ ?
Connectez-vous

Civilité	M. ▾
Nom	
Prénom	
Pays	France
Téléphone	
E-mail	
Confirmation de votre E-mail	

PRÊT POUR L'EXAMEN

❶ Que faut-il faire ? Recopier ou donner des informations ?
❷ On peut répondre en 1 ou plusieurs mots.
❸ Les fautes d'orthographe ne comptent pas.
❹ S'entraîner à recopier des mots en français.
❺ Relire sa production.

2 Écrire un texte court

Exercice 4 15 points

Vous êtes **en vacances**. Vous écrivez un **courrier électronique** à votre **amie française** Viviane pour voir une exposition. Vous **indiquez le sujet et le lieu de l'exposition**. Vous **invitez** votre amie et **proposez une heure et un lieu de rendez-vous**. Vous lui demandez ce qu'elle veut faire après la visite. (40 mots minimum)

▶ La consigne donne la réponse : ici, il y a 6 éléments à donner → saluer, inviter/proposer, indiquer le lieu, la date et l'heure du rendez-vous.

▶ **Ce qui vous est demandé** : écrire un courriel pour proposer une sortie.

▶ **Ce que vous devez faire** : relever les mots clés dans la consigne pour identifier la situation.
  – écrire un message amical et inviter votre amie française à une exposition
  – saluer et dire au revoir
  – donner des informations sur le lieu, la date et donner l'heure du rendez-vous
  Attention, vous devez écrire 40 mots minimum.

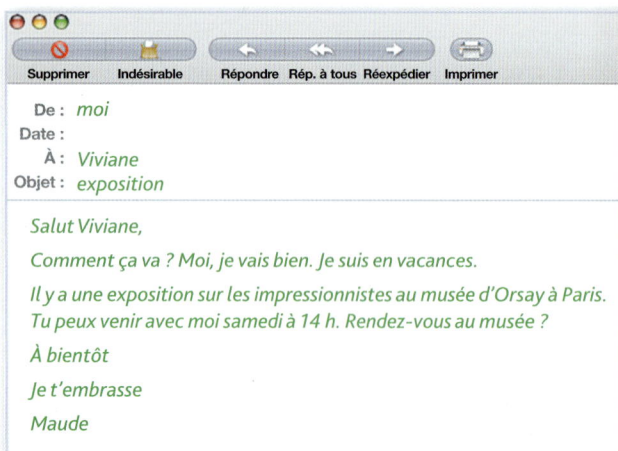

Supprimer Indésirable	Répondre Rép. à tous Réexpédier Imprimer

De : *moi*
Date :
À : *Viviane*
Objet : *exposition*

Salut Viviane,

Comment ça va ? Moi, je vais bien. Je suis en vacances.

Il y a une exposition sur les impressionnistes au musée d'Orsay à Paris. Tu peux venir avec moi samedi à 14 h. Rendez-vous au musée ?

À bientôt

Je t'embrasse

Maude

Exercice 5 15 points

Vous **envoyez** un message électronique à votre ami québécois. Vous **proposez** un saut à l'élastique pour son anniversaire. Vous **indiquez** la date et le lieu du saut. Vous lui **demandez** d'apporter sa caméra et de vous appeler pour confirmer. (40 mots minimum)

De :
Date :
À : pierrecoulon@courriel.com
Objet : anniversaire

Exercice 6

15 points

Vous habitez en France et vous partez en voyage d'affaires. Vous **laissez** un message à votre voisine. Vous lui **demandez** de vous rendre service. Vous lui **donnez des instructions** et vous **indiquez** la date de votre retour. (40 mots minimum)

▸ Pour donner des instructions, vous pouvez utiliser l'impératif.

Exercice 7

15 points

Vous recevez un message d'un ami français. Il vous **propose** de faire une randonnée. Répondez et **expliquez** pourquoi vous **acceptez** ou **refusez**. (40 mots minimum)

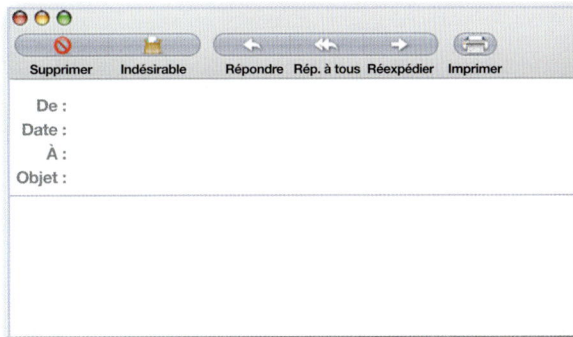

| ⊗ Supprimer | 🗑 Indésirable | ← Répondre | ⇐ Rép. à tous | → Réexpédier | 🖨 Imprimer |

De :
Date :
À :
Objet :

Exercice 8

15 points

Vous venez de déménager à Genève en Suisse pour vos études/votre travail. Vous **écrivez** un e-mail à un(e) ami(e) pour lui **raconter** votre nouvelle vie. Vous lui **décrivez** ce que vous faites et vous lui **demandez** de ses nouvelles. (40 mots minimum)

▸ Utilisez votre imagination et inventez des personnages.

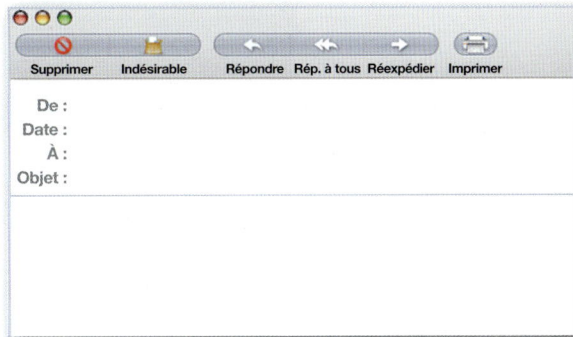

| ⊗ Supprimer | 🗑 Indésirable | ← Répondre | ⇐ Rép. à tous | → Réexpédier | 🖨 Imprimer |

De :
Date :
À :
Objet :

CE QUE JE RETIENS

▸ Qu'est-ce je dois faire ? recopier ou donner des informations ?

▸ Quel type de formulaire je dois remplir ? une demande d'inscription à une bibliothèque ? à un concours ? à un club de sport ? à un abonnement ?

▸ Quel type de message je dois écrire ? une lettre ? une carte postale ? un courriel ?

▸ Quelles informations je dois donner ? des dates ? des horaires ?

▸ Quelle formule d'accueil pour saluer le destinataire ? Quelle formule de politesse pour dire au revoir au destinataire ?

▸ J'adapte mon texte au destinataire (souvent amical).

▸ J'écris des phrases courtes avec un objectif précis dans une situation donnée.

PRÊT POUR L'EXAMEN

❶ Quels sont les mots clés dans la consigne ?

❷ Quelle est la situation ?

❸ Quel est le lien avec le destinataire du courrier ?

❹ Comment raconter ses loisirs ? Comment parler de la météo ?

PRÊT POUR L'EXAMEN !

Communication

- Accepter
- Accueillir et prendre congé
- Annoncer/confirmer un événement
- Donner rendez-vous
- Demander/donner une information
- Féliciter
- Inviter
- Parler de son quotidien
- Proposer/accepter/refuser une invitation
- Raconter
- Remercier
- S'excuser

Socioculturel

La ponctuation

M	La majuscule en début de phrase et pour un nom propre	*Je m'appelle Pascale.*
.	Le point à la fin d'une phrase déclarative	*J'arrive demain.*
,	La virgule pour séparer des éléments. Avant : *mais, car*	*Moi, je me lève à 6 h 30.*
!	Le point d'exclamation à la fin d'une phrase exclamative	*Félicitations !* *J'adore le chocolat !*
?	Le point d'interrogation à la fin d'une question ?	*Vous aimez voyager ?* *Comment ? Pardon ?*

Grammaire

Le présent

Le masculin et le féminin

Le singulier et le pluriel

Le conditionnel pour proposer

Les connecteurs *et, où, mais, alors, voilà* pour raconter

Vocabulaire

- Dates
- Goûts
- Horaires
- Logement
- Loisirs
- Météo
- Nationalités
- Nombres
- Professions
- Prix
- Villes

STRATÉGIES

1. Pour écrire, je pense à employer des mots ou des expressions utilisés dans le texte modèle.

2. Pour compter les mots : ensemble de lettres séparées par deux espaces :
Je suis en vacances : 4 mots
J'ai deux billets pour un concert : 6 mots
(j'ai = un mot)

Accepter

J'accepte avec plaisir, bien sûr.
Merci pour ton invitation !
Avec plaisir !
Je suis heureuse de venir à ton mariage.

Annoncer/confirmer un événement

J'arrive mercredi prochain.
Je te confirme ma venue.
Je t'annonce que je vais me marier !
J'ai la joie de vous annoncer la naissance de ma fille Hortense.
Ça y'est, j'ai mon permis de conduire !
J'ai le bonheur de vous annoncer mon pacs.

Accueillir et prendre congé

– Message informel :
Salut !, Coucou
À bientôt !
À plus tard
Bises
– Message formel :
Sincères salutations
Cordialement
Bonne journée
Bien à vous

Donner rendez-vous

Rendez-vous à 18 h sur la place du village.
Tu peux venir demain à ma soirée ?
Je t'attends à la gare à midi.
On pourrait se retrouver à 20 heures chez ton frère ?

Féliciter

Je te félicite pour ton diplôme.
Bravo !
Félicitations !

Demander/donner une information

Je voudrais connaître la date précise de votre venue.
Quand voulez-vous prendre le petit déjeuner ?
Vous restez combien de temps ?
Qu'est-ce que tu fais l'été prochain ?
Ici, il fait beau. Je marche tous les jours sur la plage.
Je suis dans un hôtel magnifique en face de la mer.
Nous sommes bien arrivés.

Parler de ses activités

Je visite la région.
Je fais du bateau.
Je fais une excursion demain.
Je me repose chez des amis.

Proposer

Je propose de faire une surprise
pour son anniversaire.
Pour le programme des visites,
on va voir ensemble.
C'est possible de faire un tour en péniche.

Refuser une invitation

Je suis désolé mais je ne vais pas pouvoir venir à ton dîner.
Je regrette, je suis déjà pris.
Malheureusement,
ce n'est pas possible, je suis à l'étranger.
Dommage, mais ce sera pour une prochaine fois.

Remercier

Merci de votre compréhension.
Je vous remercie par avance de votre réponse.

S'excuser

Je vous prie de m'excuser pour le bruit d'hier soir.
Je suis désolée !
Excusez-moi. Je regrette.
Pardon.

Météo

Il fait beau.
Il fait mauvais.
Il fera doux sur toute la France.
Des températures hivernales estivales.
Le temps est au beau fixe.
Attention au rafraîchissement.
Il y a du soleil, du brouillard, du vent.
Il y a un cyclone et des vents forts.

Je suis prêt ? | Les 4 questions à se poser

1. Est-ce que je suis capable d'écrire mon nom, mon prénom et mon adresse pour remplir un formulaire en français ?

2. Est-ce que je sais utiliser l'accueil et la prise de congé dans un message amical et un message professionnel ?

3. Est-ce que je sais donner un rendez-vous ou des nouvelles ?

4. Est-ce que je peux parler à l'écrit de mes activités quotidiennes ?

✔ À faire

AVANT L'EXAMEN

☐ **réviser le** vocabulaire
vœux, activités, météo, dates, horaires

☐ **réviser la** syntaxe
le présent
l'accord du masculin/féminin, singulier, pluriel

☐ **écrire des mots en français pour une réservation
d'hôtel, une inscription à un club de sport, une demande
d'information ou d'abonnement**

LE JOUR DE L'EXAMEN

☐ relire les fiches **PRÊT POUR L'EXAMEN**
pour se rassurer
☐ soigner son écriture
☐ utiliser la ponctuation

Production
orale

COMPRENDRE

L'ÉPREUVE

La production orale est la quatrième épreuve de l'examen du DELF A1. Elle est individuelle.

Durée totale de l'épreuve	10 minutes de préparation 5 à 7 minutes de passation
Nombre de points	25 points
Nombre d'exercices	3 parties
Nombre de productions	3 productions
Quand commencer à parler ?	Pour la partie 1, répondre aux questions de l'examinateur. Pour la partie 2, poser des questions et pour la partie 3, réagir aux phrases de l'examinateur.
Combien de mots dire ?	Répondre à l'examinateur par des phrases.
Quand répondre aux questions des parties 2 et 3 ?	Préparer les parties 2 et 3 pendant 10 minutes

Objectifs des exercices

Exercice 1 L'entretien dirigé
Exercice 2 L'échange d'informations
Exercice 3 Le dialogue simulé

LES SAVOIR-FAIRE

Il faut principalement être capable de :

– Quel âge avez-vous ?
– J'ai 40 ans.   **Se présenter**
– Quel animal avez-vous ?
– J'ai des oiseaux.   **Parler de soi**
– Parlez moi de vos parents.
....
– Bonjour Madame.
– Bonjour Monsieur.
– Quelle est votre nationalité ?   **Poser des questions à l'examinateur**
– Je suis Française. Et vous ?
– Moi, je suis Italien. Combien de langues est-ce que vous parlez ?
....
– Bonjour Madame. Est-ce que vous avez un pantalon vert s'il vous plaît ?
– Bien sûr. Quelle est votre taille ?   **Demander/donner un renseignement Indiquer des quantités**

LES EXERCICES ET LES DOCUMENTS

	Supports possibles	Type d'exercice	Nombre de points
Exercice 1 L'entretien dirigé	Questions de l'examinateur	Entretien d'une minute	5 points
Exercice 2 L'échange d'informations	Des mots écrits sur des cartes	Questions à formuler	4 points
Exercice 3 Le dialogue simulé	Des images de pièces de monnaies, de billets, de carte bancaire et de chèque	Dialogue entre vous et l'examinateur	7 points

Le niveau linguistique est noté sur **9 points** :
▸ Lexique : **3 points**
▸ Grammaire : **3 points**
▸ Phonétique et prononciation : **3 points**

LA CONSIGNE

Dans l'épreuve individuelle du DELF A1, vous recevez un document « candidat » qui présente le déroulement de l'épreuve, les consignes des trois parties, les six cartes mots clés pour la partie 2 et la description de la situation à jouer, les pièces de monnaie et billets fictifs pour la partie 3.

LES QUESTIONS ET LES RÉPONSES

L'épreuve se déroule en trois parties.

▸ **Partie 1 :** vous répondez aux questions de l'examinateur : Quel est votre nom ? Quelle est votre nationalité ? Parlez-moi de votre famille. Où habitez-vous ? Vous aimez le sport ? Qu'est-ce que vous faites le week-end ?

▸ **Partie 2 :** vous posez des questions à l'examinateur à l'aide des mots écrits sur les cartes.

| Date de naissance ? | Football ? | Détester ? | Vacances ? | Livre ? | Animal ? |

▸ **Partie 3 :** vous jouez la situation proposée (une commande au restaurant, une inscription, un achat). Vous devez connaître les règles de politesse et être capable de demander et donner des informations sur le prix des produits à acheter ou commander quelque chose.

CONSEILS

– saluez poliment l'examinateur au début et à la fin de l'épreuve ;
– prenez des notes pour vous aider ;
– entraînez-vous à parler devant un miroir ;
– imaginez les questions de l'examinateur sur ces thèmes : goûts, loisirs, logement, famille, vacances ;
– demandez à l'examinateur de répéter ou parler plus lentement.

SE PRÉPARER

1 L'entretien dirigé

— Se présenter

✓ Activité 1
Cochez les phrases correspondantes à la présentation de Luc.
« Bonjour. Je m'appelle Luc… »

☐ Je suis belge. ☐ Elle est blonde. ☐ Il a un chien. ☐ Son père s'appelle David.

☐ Je suis avocat. ☐ J'ai 24 ans. ☐ J'ai un livre. ☐ La maison est blanche.

✏ Activité 2
Complétez la présentation de Fatima.

Je .... Fatima. J'........................ 34 .... mère

.... Samia. J'ai .... chien. Je .... espagnole.

✏ Activité 3
Décrivez les personnes.

Nom : Bogrov	Nom : Wang	Nom : Campos
Prénom(s) : Igor	Prénom(s) : Ling	Prénom(s) : Victor
Date de naissance : 25/05/1970	Date de naissance : 01/07/1977	Date de naissance : 09/02/2001
Nationalité : Russe Domicile : Moscou, Russie	Nationalité : Chinoise Domicile : Shanghai, Chine	Nationalité : Mexicaine Domicile : Acapulco, Mexique

Il s'appelle Igor Bogrov. ....   Elle s'appelle Ling Wang. ....   Il s'appelle Victor Campos. ....

....

....

✏ Activité 4
Complétez la présentation de la famille de Steve.

« Je m'appelle Steve. Je suis né le 13 janvier 1989.

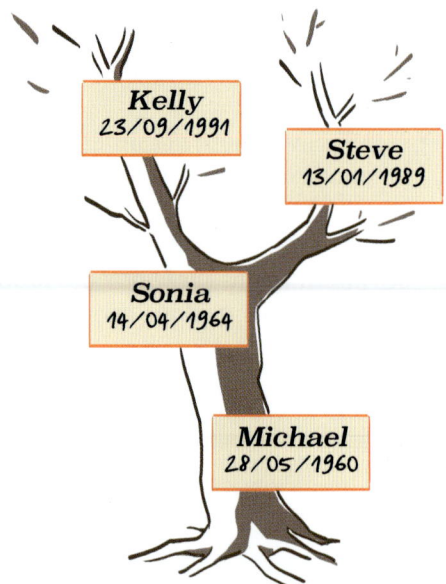

....

....

....

.... »

Kelly 23/09/1991

Steve 13/01/1989

Sonia 14/04/1964

Michael 28/05/1960

Parler de ses activités

Activité 5

Présentez l'activité.

Exemple :
Je joue au piano. /
J'aime le piano. /
J'ai des cours de piano.

A. Je ....

B. Je ....

C. Je ....

D. Je ....

Activité 6

Répondez aux questions.

Exemple : Qu'est-ce que vous faites le soir ?
Le soir, je regarde la télévision et je lis un livre avant de dormir.

1 - Qu'est-ce que vous faites le samedi ?

....

2 - Quels sont vos loisirs ?

....

3 - Quels sports est-ce que vous faites ?

....

Activité 7

Reliez les informations.

Exemple : Le samedi, je vais à la piscine.

1 - Le matin, ●	● j'aime ●	● mes parents.
2 - À la télévision, ●	● je mange ●	● à 7 h 30.
3 - Le midi, ●	● je me lève ●	● les jeux.
4 - Au parc, ●	● je regarde ●	● de la viande.
5 - Le dimanche, ●	● je vois ●	● des films d'action.

Activité 8

Décrivez la journée de Victor à partir des images.

« Le matin, je ....

....

.... »

— Répondre à des questions

Activité 9

Cochez la bonne réponse.

1 - Quel âge avez-vous ?
☐ J'ai 20 ans.   ☐ Il a 20 ans.   ☐ Vous avez 20 ans.

2 - Où habitez-vous ?
☐ Je vais en vacances à Washington.   ☐ Je suis à Washington.   ☐ J'habite à Washington.

3 - Qu'est-ce que vous faites le soir ?
☐ Je vais au cinéma.   ☐ J'aime le cinéma.   ☐ Je fais du cinéma.

4 - Quelle est votre activité sportive ?
☐ Je fais mes devoirs.   ☐ Je fais un gâteau.   ☐ Je fais du tennis.

Activité 10

Répondez aux questions.

1 - Est-ce que vous avez des frères et des sœurs ? Combien ? Comment s'appellent-ils ?

....

2 - Quelle est votre nationalité ?

....

3 - Quelle est votre date de naissance ?

....

4 - Qu'est-ce que vous faites le samedi et le dimanche ?

....

Activité 11

PISTE 61

Écoutez, **répétez** et **notez** les liaisons.

Exemple :

1 - *Je m'appelle Amélie.* → *Je m'appelle Amélie.*

2 - J'ai un frère et deux sœurs.

3 - Je me lève à 7 h 00 et je vais à l'université à 8 h 00.

4 - Je fais de l'équitation.

5 - J'habite à Madrid, en Espagne.

6 - Mon père s'appelle Thomas et ma mère s'appelle Angelina.

7 - Mon père a 41 ans et ma mère a 38 ans.

Activité 12

PISTE 62

Écoutez les questions et **cochez** les réponses entendues.

Question 1 :	☐ Vous avez 50 ans.	☐ J'ai 52 ans.	☐ J'ai 50 ans.
Question 2 :	☐ J'ai des oiseaux.	☐ J'ai des poissons.	☐ Je n'ai pas d'animaux.
Question 3 :	☐ J'ai une mère. Elle s'appelle Louise. Et mon père, il s'appelle André.	☐ Ma mère s'appelle Julie. Mon père, lui, s'appelle André.	☐ Ma mère s'appelle Louise et mon père, lui, s'appelle André.
Question 4 :	☐ Je fais du vélo le vendredi et après, je vais au cinéma avec des amis.	☐ Je fais du vélo le samedi et après, je vais au cinéma avec mes amis.	☐ Je vais en vélo à la piscine et après, je vais au cinéma avec un ami.
Question 5 :	☐ Je suis chirurgien.	☐ Je suis médecin.	☐ Je suis pharmacien.

Activité 13

PISTE 63

Youssef se présente à l'épreuve de production orale du DELF A1.

Écoutez le premier exercice de l'épreuve et **complétez** le texte suivant.

EXAMINATRICE : Bonjour.

YOUSSEF : Bonjour.

EXAMINATRICE : Bienvenue à votre épreuve de production orale du DELF A1. Le premier exercice est un entretien dirigé. Je vous pose des .... pour vous connaître. Ça va ? Est-ce que nous pouvons ....?

YOUSSEF : Oui, ça va.

EXAMINATRICE : .... est-ce que vous vous appelez ?

YOUSSEF : Je m'appelle Youssef.

EXAMINATRICE : Est-ce que vous pouvez .... votre .... s'il vous plaît ?

YOUSSEF : Y-O-U-S-S-E-F.

EXAMINATRICE : Et quel ....?

YOUSSEF : 26 ans. J'ai 26 ans.

EXAMINATRICE : Merci. Combien de .... avez-vous ?

YOUSSEF : J'ai un .... et deux ....

EXAMINATRICE : Comment s'appellent-ils ?

YOUSSEF : Mon .... s'appelle Ahmed et mes .... s'appellent Liliane et Sara.

EXAMINATRICE : Est-ce que vous faites un ....?

YOUSSEF : Oui.

EXAMINATRICE : Quel .... est-ce que vous faites ?

YOUSSEF : Je fais du basketball et du karaté.

EXAMINATRICE : D'accord. Et vous faites ces .... quels ....?

YOUSSEF : Le basketball, c'est le .... et le .... Je fais du karaté le .... et le ....

EXAMINATRICE : Merci Youssef. L'exercice 1 est terminé. Nous passons .... à l'exercice 2.

2 L'échange d'informations

— Comprendre un mot

Activité 14

Classez les mots suivants dans le tableau.
Métier – âge – parc – cinéma – diplôme – enfants – nationalité – piano – secrétaire – rugby – réunion – adresse.

Vie privée	Vie professionnelle	Loisirs

Activité 15

Trouvez des mots pour chaque thématique.

Le sport

Types de sport	Verbes	Lieux	Personnes	Autres
Football…	Jouer…	Stade…	Sportif…	Inscription…

Les transports

Moyens de transport	Verbes	Lieux	Personnes	Autres
Voiture…	Voyager…	Gare…	Voyageur…	Tourisme…

Les études

Matières	Verbes	Lieux	Personnes	Autres
Cours…	Étudier…	École…	Étudiant…	Exercice…

Activité 16

Associez des mots de la même thématique.

Téléphone ●   ● Musique
Acteur ●   ● Chambre
Chanter ●   ● Famille
Maison ●   ● Numéro
Bureau ●   ● Acheter
Père ●   ● Ordinateur
Magasin ●   ● Cinéma

Activité 17

Définissez chaque mot par 3 autres mots.

Exemple : Samedi : jour – semaine – week-end

Hiver : ....

Déjeuner : ....

Métro : ....

Internet : ....

Théâtre : ....

Situation de famille : ....

▬ Formuler une question

Activité 18

Reliez les mots aux mots interrogatifs correspondants.

Nom ●   ● Où ?
Adresse ●   ● Quand ?
Nombre ●   ● Comment ?
Personne ●   ● Combien ?
Date ●   ● Qui ?

Activité 19

PISTE 64

Complétez les questions avec le mot interrogatif correspondant.

1 - .... habitez-vous ?

2 - .... s'appelle votre femme ?

3 - .... allez-vous au cinéma ?

4 - .... est-ce que vous allez à votre bureau ?

5 - .... avez-vous de frères et de sœurs ?

6 - .... est votre profession ?

7 - Vous lisez .... ?

8 - .... est votre nationalité ?

9 - .... est votre film préféré ?

10 - .... est-ce que vous faites le dimanche ?

Pour vous aider, écoutez les questions.

Activité 20

PISTE 65

Replacez dans l'ordre les mots pour former une question.

1 - est-ce que / soir / à / vous / quelle / mangez / le / heure ?

2 - langues / parlez / est-ce que / quelles / vous ?

3 - préférée / quelle / votre / est / couleur ?

4 - quoi / le / vous / samedi / faites ?

5 - à / allez / est-ce que / l'école / comment / vous ?

Pour vous aider, écoutez les questions.

Activité 21

Posez une question avec le mot donné.

1 - Animal : .... ?

2 - Amis : .... ?

3 - Plage : .... ?

4 - Musique : .... ?

5 - Stylo : .... ?

Pour vous aider, écoutez les questions.

▬ Manifester sa compréhension

Activité 22

Associez une réaction à une réponse.

Réponses

1 - Ma couleur préférée est le bleu. ●

2 - J'ai un chien et deux chats. ●

3 - Je n'ai pas d'animaux. ●

4 - J'aime aller au cinéma avec mes amis. ●

5 - L'été, je vais en vacances à la mer. ●

6 - Je ne prends pas le métro. ●

Réactions

● Moi aussi.

● D'accord. Où est-ce que vous allez ?

● Ah, moi j'ai un chien.

● Ah, c'est bien. Moi je n'ai pas d'animaux.

● Moi non plus.

● Moi, c'est le vert.

Pour vous aider, écoutez les questions.

Activité 23

Réagissez aux affirmations suivantes.

Exemple :
J'aime aller au restaurant avec mes amis. → Moi aussi. / Oui, c'est super d'aller au restaurant avec ses amis. / Moi, je n'aime pas. / Moi, je vais au restaurant avec ma famille.

1 - Je ne bois pas de jus d'orange. ....

2 - Mon numéro de téléphone est le 04.47.65.00.22. ....

3 - J'adore le chocolat. ....

4 - Je parle français et espagnol. ....

5 - Je vais au supermarché tous les samedis. ....

Activité 24

Écoutez et **répétez**.

1 - Quel âge avez-vous ?

2 - Quelle est la date de votre anniversaire ?

3 - Est-ce que vous faites du vélo ?

4 - Combien d'enfants est-ce que vous avez ?

5 - Quand partez-vous en vacances ?

6 - Où est-ce que vous allez en vacances ?

7 - Le samedi, vous faites quoi ?

Activité 25

PISTE 69

Écoutez et **notez** les intonations.

↗ = l'intonation monte.

↘ = l'intonation baisse.

Exemple :

1 - *Quel âge avez-vous ?* ↗

2 - Quelle est la date de votre anniversaire ?

3 - La date de mon anniversaire est le 13 mai.

4 - La date de mon anniversaire ? C'est le 13 mai.

5 - Est-ce que vous aimez la télévision ?

6 - Vous aimez la télévision.

7 - Combien de frères avez-vous ?

8 - Vous avez deux frères. Moi, j'ai un frère.

9 - Le samedi, vous faites quoi ?

10 - Le samedi, vous allez au parc. Avec qui ?

11 - J'aime les chats. Pourquoi ? Je ne sais pas.

Activité 26

PISTE 70

C'est l'épreuve de production orale du DELF A1 de Youssef.

Écoutez le deuxième exercice de l'épreuve et **complétez** le texte suivant.

EXAMINATRICE : L'exercice 2 est un échange d'informations. Vous me posez des ....

pour me connaître. Utilisez les mots pour poser vos ....

YOUSSEF : .... est votre .... ?

EXAMINATRICE : Je suis française. Et .... ?

YOUSSEF : Moi, je suis .... est-ce que vous parlez ?

EXAMINATRICE : Je parle ...., ... et ....

YOUSSEF : Oh, d'accord. Moi aussi je parle ...., ... mais ......

.... Je parle .... vous vous levez ?

EXAMINATRICE : Je me lève à 6 h 30 tous les jours.

YOUSSEF : C'est .... !

EXAMINATRICE : Oui, c'est vrai. Je travaille ....

YOUSSEF : .... vous avez un appartement ou une maison ?

EXAMINATRICE : J'ai une maison.

YOUSSEF : Moi, j'habite dans un appartement. Et .... est-ce que vous venez à

l'école ?

EXAMINATRICE : Je viens en ...., c'est rapide !

YOUSSEF : Oh, ... !

EXAMINATRICE : Merci. L'exercice 2 est terminé. Nous passons maintenant à l'exercice 3.

3 Le dialogue simulé

— Entrer en contact

Activité 27

Classez les expressions dans le tableau.

Bonne journée – Au revoir – Bonjour Madame – Salut – À bientôt – Bonsoir

Saluer	Prendre congé

Connaissez-vous d'autres mots pour saluer ou prendre congé ? Lesquels ?

....

Activité 28

Complétez les dialogues avec les formules de salutation et de prise de congé correspondantes.

Dialogue n° 1 :

– .... ! Ça va ?

– Ça va bien et toi ?

– Je vais bien. On va au cinéma ce soir ?

– D'accord.

– Super ! ....

Dialogue n° 2 :

– .... Je voudrais une baguette s'il vous plaît.

– Une baguette ! Est-ce que vous voulez autre chose ?

– Non merci.

– Merci Monsieur. ....

Dialogue n° 3 :

– .... Il est tard ! Qu'est-ce que vous faites ici ?

– Oh, pardon Monsieur ! Je rentre chez moi.

– ....

– ....

Activité 29

Modifiez les phrases en ajoutant une ou plusieurs formules de politesse.

Exemple :

Je veux une baguette. → *Est-ce que je peux avoir une baguette s'il vous plaît ?*

1 - Je cherche un livre. → ....

2 - Je veux un kilo de tomates. → ....

3 - Bonjour. Combien coûte la robe ? → ....

4 - Voilà 22 euros. Au revoir. → ....

5 - Tu peux me donner le prix ? → ....

Demander et donner des informations

Activité 30

Vous souhaitez acheter les articles de la liste suivante. **Posez** deux questions par mot.

Exemple : Chemise → Quelles tailles de chemise est-ce que vous avez ? Combien coûte la chemise ?

1 - Carottes .... ? .... ?

2 - Cahier .... ? .... ?

3 - Télévision .... ? .... ?

4 - Pain .... ? .... ?

5 - Billet de cinéma .... ? .... ?

Activité 31

PISTE 71

Trouvez la question à chaque réponse.

Exemple : À quelle heure part le train pour Lille ? → Le prochain départ pour Lille est à 9 h 23.

1 - .... ? Ce magazine coûte 1,50 €.

2 - .... ? Je vous apporte la carte tout de suite Madame.

3 - .... ? Oui, nous avons des pulls bleus.

4 - .... ? Non, nous acceptons seulement les cartes bancaires.

5 - .... ? Cette jupe, c'est du 40.

Pour vous aider, écoutez les questions.

Activité 32

Vous souhaitez acheter les objets de la liste suivante. **Précisez** deux informations par objet pour le vendeur.

1 - CD : .... (type de musique)

.... (type de chanteur)

2 - Chemise : .... (couleur)

.... (taille)

3 - Jouet : .... (personne)

.... (âge)

4 - Gâteau : .... (fête)

.... (goût)

5 - Livre : .... (type, genre)

.... (année)

Activité 33

Répondez aux questions avec des détails.

1 - Qu'est-ce que vous souhaitez manger ?

....

....

....

Menu

Entrées :	salade, soupe de poissons, tomates
Plats :	poisson / riz, poulet / riz, poulet / frites
Desserts :	glace, tarte, crème brûlée

2 - À quel sport est-ce que vous souhaitez vous inscrire ?

  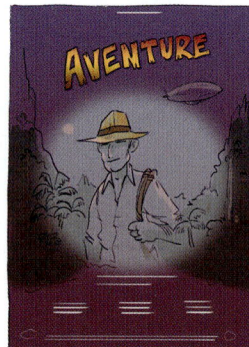

....

....

....

3 - Pour quel film est-ce que vous voulez un billet ?

   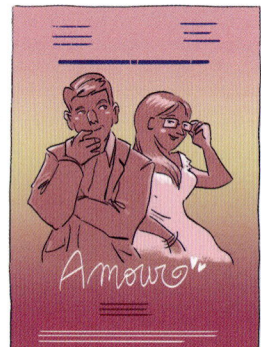

....

▬ Acheter des produits

Activité 34

Reliez le ticket au moyen de paiement nécessaire pour payer.

Restaurant

Côte Ouest

Total à payer........... 55 €

Par carte bancaire
et chèque à partir de 60 €

●

● **A.**

● **B.**

● **C.**

Activité 35

PISTE 72

Écoutez et **répondez** aux questions.

1 - Combien coûte le manteau ? ....

2 - Combien est-ce que vous devez payer ? ....

3 - Quel est le prix du plat principal ?..

4 - Combien coûte le billet de train pour Paris ? ....

Activité 36

PISTE 73

Écoutez et **notez** les liaisons.

1 - Bonjour Monsieur. Je voudrais une boîte de chocolats. C'est pour un anniversaire.

2 - Quel est le prix d'une enveloppe s'il vous plaît ?

3 - Le menu est à 13 €, c'est ça ?

4 - Est-ce que vous avez un animal noir et blanc ?

5 - Je cherche des chaussures pour jouer au tennis avec mes amis.

Activité 37

PISTE 74

C'est l'épreuve de production orale du DELF A1 de Youssef.

Écoutez le troisième exercice de l'épreuve et **complétez** le texte suivant.

EXAMINATRICE : L'exercice 3 est un dialogue simulé. Nous sommes dans une épicerie. Vous voulez acheter des produits. Vous êtes le client et je suis la vendeuse. Nous commençons.

YOUSSEF : Bonjour Madame.

EXAMINATRICE : Bonjour Monsieur.

YOUSSEF : Je .... acheter du sucre et des tomates s'il vous plaît.

EXAMINATRICE : Oui, combien de .... de sucre ?

YOUSSEF : 2 .... de sucre s'il vous plaît.

EXAMINATRICE : D'accord et combien de tomates ?

YOUSSEF : 1 kilo de tomates s'il vous plaît. .... du kilo de tomates ?

EXAMINATRICE : 1,30 €.

YOUSSEF : Merci. Et .... le sucre ?

EXAMINATRICE : Le sucre ? C'est 3 € pour les 2 kilos.

YOUSSEF : Merci.

EXAMINATRICE : Est-ce que vous voulez .... Monsieur ?

YOUSSEF : Oui, je voudrais .... du pain s'il vous plaît. .... vous avez des baguettes ?

EXAMINATRICE : Oui, combien de baguettes est-ce que vous voulez ?

YOUSSEF : .... 1 baguette. .... ?

EXAMINATRICE : La baguette coûte 70 centimes.

YOUSSEF : Merci. Quel est le .... pour le sucre, les tomates et la baguette s'il vous plaît ?

EXAMINATRICE : Alors, le .... est de 5 €. Comment est-ce que vous payez Monsieur ?

YOUSSEF : Je paye .... Et voilà 5 €.

EXAMINATRICE : Merci Monsieur. Et voilà vos produits.

YOUSSEF : Merci beaucoup. Au revoir Madame et ....

EXAMINATRICE : Au revoir Monsieur. Merci Youssef. L'épreuve est terminée.

1 L'entretien dirigé

Vous **répondez** aux questions de l'examinateur sur vous, votre famille, vos goûts ou vos activités.

Exercice 1   5 points*

▸ L'exercice dure une minute environ. L'examinateur pose cinq questions. Vous ne préparez pas cet exercice.

▸ Répondez aux questions avec une phrase pour montrer à l'examinateur vos compétences.
Exemple : *Comment est-ce que vous vous appelez ?*
Exemple incorrect : *Manuel.*
Exemple correct : *Je m'appelle Manuel.*

▸ Si vous ne comprenez pas une question, vous pouvez demander à l'examinateur de répéter. C'est autorisé !

1 - Est-ce que vous pouvez épeler votre nom ? *Mon nom s'écrit...*

2 - Quelle est votre nationalité ? *Je suis...*

▸ Quand vous ne trouvez pas le mot, vous pouvez utiliser une autre information.

▸ Exemples de réponses possibles : *Je suis marocain. / Je suis né au Maroc. / Je suis né à Rabat.*

3 - Où est-ce que vous habitez ? *J'habite à...*

4 - Quel est votre sport préféré ? *J'aime le/la... / Mon sport préféré est...*

▸ Lorsque vous ne savez pas dire en français votre réponse, vous pouvez imaginer une autre réponse.
Par exemple, si vous ne savez pas dire « danse », vous pouvez dire « tennis » : « *J'aime le tennis* ».

5 - Comment s'appellent vos parents ? *Mes parents s'appellent...*

Exercice 2   5 points

1 - Parlez-moi de votre famille. Vous avez des frères et des sœurs ? Comment s'appellent-ils ?

2 - Quel est votre âge ?

3 - Qu'est-ce que vous faites le samedi ?

4 - Quelles langues est-ce que vous parlez ?

5 - Quelle est votre profession ?

Exercice 3   5 points

1 - Quelles sont vos activités préférées ?

2 - Quelle est votre adresse ?

3 - Comment est votre maison ?

4 - Parlez-moi de vos repas. Qu'est-ce que vous mangez ? À quelle heure est-ce que vous mangez ?

5 - Combien d'animaux est-ce que vous avez ? Comment ils s'appellent ?

PRÊT POUR L'EXAMEN

❶ Répondre à toutes les questions de l'examinateur. Si on ne comprend pas, on peut le dire à l'examinateur : « Est-ce que vous pouvez répéter s'il vous plaît ? Désolé(e), je ne comprends pas. »

❷ Répondre aux questions avec une phrase simple ou avec un mot. On peut utiliser ses mains pour expliquer un mot.

❸ Pendant les 10 minutes de préparation, il est inutile de préparer cet exercice sur le brouillon.

* Attention : les points indiqués ne tiennent pas compte des 9 points attribués selon le niveau linguistique pour l'ensemble des exercices de la production orale (voir p. 81)

2 L'échange d'informations

Vous **posez** des questions à l'examinateur avec les mots écrits sur les cartes.

Exercice 4

4 points

▶ Vous avez 10 minutes pour préparer l'exercice 2 et l'exercice 3. Passez environ cinq minutes pour préparer l'exercice 2 et environ cinq minutes pour préparer l'exercice 3.

▶ Vous ne devez pas obligatoirement utiliser le mot. Il s'agit d'un thème.
Exemple : maison = *quelle est votre pièce préférée chez vous ?*

▶ N'oubliez pas de changer les mots interrogatifs dans vos questions ! L'objectif est de montrer à l'examinateur que vous connaissez plusieurs types de question : combien, comment, quand, quel, est-ce que, etc.

Maison ?	Langue ?
Mots possibles : *maison, appartement, pièce* **Types de question** : *comment, quel, où* **Exemples** : *Comment est votre maison ? Quelle est votre pièce préférée ? Où habitez-vous ? Est-ce que vous habitez dans une maison ou dans un appartement ?*	**Mots possibles** : *langues vivantes, noms de langues (français, anglais, allemand, russe…)* **Types de question** : *quel, combien* **Exemples** : *Combien de langues parlez-vous ? Est-ce que vous parlez russe ? Quelles langues est-ce que vous parlez ?*
Enfants ?	Boulangerie ?
Mots possibles : *enfants, famille* **Types de question** : *combien, comment* **Exemples** : *Combien avez-vous d'enfants ? Comment s'appellent vos enfants ?*	**Mots possibles** : *boulangerie, pain, baguette* **Types de question** : *combien, comment* **Exemples** : *Qu'est-ce que vous achetez à la boulangerie ? Combien de fois par semaine vous allez à la boulangerie ?*
Téléphone ?	Voyager ?
Mots possibles : *téléphone, numéro, maison, bureau, téléphone portable* **Types de question** : *quel, combien, comment* **Exemples** : *Quel est votre numéro de téléphone ? Combien avez-vous de téléphones ? Est-ce que vous avez un téléphone portable ? Comment est votre téléphone ?*	**Mots possibles** : *voyager, pays, valise, vacances* **Types de question** : *où, comment, quel* **Exemples** : *Où est-ce que vous voyagez ? Quel est votre pays préféré ? Est-ce que vous voyagez avec beaucoup de valises ? Avec qui est-ce que vous voyagez ?*

▶ **Attention** : dans cet exercice, vous voulez connaître l'examinateur. Vous posez des questions à l'examinateur sur sa personne, sa vie, ses goûts, ses activités, etc.
Exemple : Monument ? → exemple correct : *Quel est votre monument préféré ?*
→ exemple incorrect : *Quel est le monument préféré des Français ?*

▶ Vous devez manifester une réaction après la réponse de l'examinateur. N'hésitez pas à :
– utiliser votre corps : faites un signe de la tête, souriez ;
– répondre par une expression : « Moi aussi », « Moi non plus », « Je suis d'accord », « Merci », etc.

Exercice 5

4 points

Profession ? Dormir ? Devoirs ? Couleur ? Vélo ? Cinéma ?

Nationalité ?

Famille ?

Animal ?

Internet ?

Heure ?

Sport ?

PRÊT POUR L'EXAMEN

❶ Préparer des questions différentes. Ne pas répéter la même formulation (par exemple, ne pas utiliser uniquement « Est-ce que... »).

❷ Poser des questions pour connaître l'examinateur.

❸ Montrer sa compréhension des réponses de l'examinateur avec une phrase, un mot ou un geste de la tête.

3 Le dialogue simulé

Vous **jouez** une situation avec l'examinateur.

Exercice 7   7 points

▶ Vous avez 10 minutes pour préparer l'exercice 2 et l'exercice 3. Passez environ cinq minutes pour préparer l'exercice 2 et environ cinq minutes pour préparer l'exercice 3.

Dans un magasin de vêtements
Vous allez dans un magasin de vêtements à Paris. Vous demandez des informations sur les vêtements (tailles, couleurs, prix). Vous achetez deux ou trois articles et vous payez.
L'examinateur joue le rôle du vendeur.

▶ Lisez attentivement la consigne :
  – vous achetez des vêtements ;
  – vous devez poser des questions sur les tailles, les couleurs et les prix ;
  – vous payez.

▶ L'examinateur joue le rôle du vendeur = vous ne connaissez pas le vendeur. Il faut toujours utiliser « vous ».

▶ Vous pouvez vous aider des images pour trouver votre inspiration !
  Exemple : un pantalon beige, une jupe, une chemise, un pull noir, etc.
  Vous pouvez aussi ajouter des mots.
  Exemple : manteau, chaussures, chapeau, ceinture, etc.

▸ Sur votre brouillon, préparez :

– les questions : **tailles** = Quelle est la taille de la chemise ? / Quelles tailles de pantalon est-ce que vous avez ? ; **couleurs** = J'aime le beige. Est-ce que vous avez un pantalon beige ? / Quelles couleurs il y a ? ; **prix** = Combien ça coûte ? / Quel est le prix de la robe ?

– les formules de politesse = Bonjour, s'il vous plaît, je voudrais, merci, bonne journée, etc.

– quelques phrases : Je voudrais une jupe rose. / Je cherche un pantalon beige. / J'aime les pulls noirs. / Je paye en espèces.

Exercice 8

7 points

Au restaurant

Vous êtes au restaurant à Nice. Vous demandez la carte et vous commandez une entrée, un plat et un dessert. Vous demandez l'addition et vous payez.
L'examinateur joue le rôle du serveur.

Exercice 9

7 points

Au centre de loisirs

Vous habitez à Bastia, en Corse. Vous allez au centre de loisirs pour vous inscrire à un sport. Vous demandez des informations (jours, horaires, prix), vous vous inscrivez et vous payez.
L'examinateur joue le rôle de l'animateur.

PRÊT POUR L'EXAMEN

❶ Pendant les 10 minutes de préparation, préparer cet exercice. Noter sur le brouillon le début du dialogue (« Bonjour Madame/ Monsieur... »), des expressions (« Je voudrais », « s'il vous plaît »...) et la fin (« Merci. Bonne journée. Au revoir. »).

❷ Pendant le dialogue, le candidat est le client et il doit poser des questions pour avoir des informations. Poser plusieurs questions et acheter plusieurs objets, biens, services.

❸ Prendre son temps : il est possible de faire des pauses pour chercher ses mots ; on peut demander de répéter ; on peut dire « non » et demander autre chose.

CE QUE JE RETIENS

▸ 10 minutes de préparation : j'utilise les 10 minutes pour préparer les 2 exercices et écrire mes idées sur un brouillon.

▸ L'examinateur explique les exercices : pendant l'épreuve, l'examinateur donne la consigne de chaque exercice et parle lentement ; il peut expliquer ou répéter si je le demande. Il indique quand un exercice est terminé.

▸ Dans l'exercice 1, je parle de moi. Dans l'exercice 2, je veux connaître l'examinateur et dans l'exercice 3, je suis un personnage « client ». J'imagine la situation et je joue le jeu. J'essaie d'utiliser des mots et des expressions différents pour montrer à l'examinateur ce que je connais.

PRÊT POUR L'EXAMEN !

Communication

- Acheter des biens/Commander
- Décrire une personne
- Donner des instructions orales
- Demander des objets du quotidien, des produits alimentaires
- Entrer en contact
- Parler de ses activités
- Poser des questions
- Répondre à des questions
- Se présenter
- Se renseigner

Socioculturel

Attitude à l'examen

- Saluer : Bonjour Madame, Au revoir, Monsieur
- Utiliser le « vous » : *Quel est votre âge ?*
- Utiliser les formules de politesse : *s'il vous plaît, merci, pardon, excusez-moi*
- Regarder l'examinateur dans les yeux. En France, c'est un signe de respect de son interlocuteur.
- Ne pas mâcher de chewing-gum ou jouer avec son stylo.

Grammaire

Les pronoms sujets et toniques

Les mots interrogatifs (*quel, combien, est-ce que*)

Les articles contractés

Les prépositions de lieu

Les adjectifs possessifs

Les verbes pronominaux

Vocabulaire

- Goûts
- Horaires
- Logement
- Loisirs
- Nombres
- Professions
- Prix

STRATÉGIES

1. Avant de parler, je fais attention au statut des personnes pour m'adapter au registre de langue.

2. Pour renforcer mon message, je peux utiliser des gestes.

3. Il me manque un mot pour continuer ma phrase ? J'explique autrement, avec d'autres mots.

Acheter des biens/Commander/réserver

Je voudrais 2 kilos de carottes s'il vous plait.
J'aimerais 500 grammes de fraises.
Je voudrais réserver une chambre double.
J'aurais besoin d'une chemise bleue et d'une cravate.

Décrire une personne

C'est ma mère. Elle est mexicaine. Elle a 65 ans.
Elle est grande et brune.
Elle a les cheveux courts.
Elle a les yeux bleus.

Exprimer ses goûts

J'aime/j'adore voyager.
Je déteste/Je n'aime pas le sport.
Je ne supporte pas le golf.
Je suis passionnée de musique baroque.

Parler de soi

Je m'appelle Marcella. J'ai 48 ans.
Je suis italienne. Je dirige une maison d'édition.
J'ai un fils de 15 ans. Il s'appelle Giovanni.
J'habite à Naples dans un appartement. C'est très agréable.

Parler de ses activités

Je fais du tennis.
Je lis des polars.
Je jardine beaucoup.

Poser des questions

Vous vous appelez comment ?
Quelle est votre nationalité ?
Vous aimez la musique ?
Quel est votre animal préféré ?
Vous habitez où ?
Combien ça coûte ?

Activités quotidiennes

Je me réveille.
Je me lève.
Je prends une douche.
Je prends mon petit déjeuner.
J'arrive au bureau à 9 heures.
Je déjeune avec mes collègues.
Je rentre à 20 heures.
Je me couche à 23 heures.

Loisirs

Faire du tennis
Faire de la peinture
Jouer aux jeux vidéo
Faire de la natation
Faire du jogging
Faire du bricolage
Faire du jardinage
La lecture

Logement

Une maison
Un appartement
Un studio
Un hôtel
La chambre
La salle de bain
Le salon

Nombres

10 dix
20 vingt
21 vingt et un
30 trente
40 quarante
50 cinquante
60 soixante
70 soixante-dix
80 quatre-vingts
90 quatre-vingt-dix
100 cent
1000 mille
10000 dix mille
1000000 un million

Poids, mesures, argent

Kilo
Gramme
Euros
Centimes
Pièces
Billets

Professions

Le professeur
Le comptable
Le plombier
Le secrétaire
L'ingénieur
L'étudiant
L'informaticien
L'assureur
Le banquier
L'électricien
L'ingénieur
Le développeur web
L'avocat

Je suis prêt ?

Les 4 questions à se poser

1. Est-ce que j'utilise les mots adaptés au sujet ?

2. Est-ce que je sais poser des questions ?

3. Est-ce que je connais au moins 4 mots dans chaque liste de cette page ?

4. Est-ce que je sais commander ou acheter un bien ou un service ?

PRÊT POUR L'EXAMEN !

✓ À faire

AVANT L'EXAMEN

☐ **réviser le vocabulaire**
famille, loisirs, école, travail, informations personnelles,
description, invitations

☐ **réviser la syntaxe**
les verbes en –er, masculin et féminin, singulier et pluriel
les articles définis et indéfinis, adjectifs possessifs
les adjectifs pour décrire le caractère, les couleurs

☐ **s'entraîner à parler à voix haute, s'enregistrer ou travailler
en groupe**

LE JOUR DE L'EXAMEN

☐ respirer et se détendre
☐ faire répéter
☐ parler lentement
☐ faire des réponses simples avec
des mots pour relier vos idées
(*et*, *alors*, *aussi*)
☐ toujours dire VOUS à l'examinateur
et utiliser les formules de politesse

AUTO-ÉVALUATION

Compréhension de l'oral	Oui	Pas toujours	Pas encore
Je peux comprendre les informations chiffrées d'une annonce publique.			
Je peux comprendre un message sur un répondeur avec une information précise.			
Je peux comprendre une publicité, la météo ou un flash info à la radio.			
Je peux comprendre une conversation simple.			

Compréhension des écrits	Oui	Pas toujours	Pas encore
Je peux comprendre des messages courts.			
Je peux repérer les informations principales d'une brochure, d'un programme ou d'une publicité.			
Je peux suivre des indications très simples.			
Je peux identifier un événement ou une activité dans un document.			

Production écrite	Oui	Pas toujours	Pas encore
Je peux écrire des informations personnelles dans un formulaire.			
Je peux écrire des messages simples pour raconter des activités, annoncer un événement personnel ou donner des nouvelles.			

Production orale	Oui	Pas toujours	Pas encore
Je peux parler de moi et poser des questions sur des sujets familiers (famille, amis, loisirs, travail).			
Je peux acheter des produits et demander des biens et des services (restaurant, inscription, réservation).			

ÉPREUVE COLLECTIVE 1

Compréhension de l'oral

25 points

Répondez aux questions en cochant (☑) la bonne réponse, ou en écrivant l'information demandée.

Exercice 1 **4 points** PISTE 75

Vous allez entendre 2 fois un document. Il y a 30 secondes de pause entre les 2 écoutes puis 30 secondes pour vérifier vos réponses. Lisez les questions. Vous entendez ce message sur votre répondeur. Répondez aux questions.

1. Où est Catherine ? 1 point

....

2. À quelle heure est-ce que vous devez prendre Margot à l'école ? 1 point

☐ **A.** ☐ **B.** ☐ **C.**

3. Qu'est-ce que vous devez acheter ? 1 point

....

4. Qu'est-ce que Catherine va préparer pour le repas ? 1 point
☐ De la soupe. ☐ De la salade. ☐ Des légumes.

Exercice 2 **5 points** PISTE 76

Vous allez entendre 2 fois un document. Il y a 30 secondes de pause entre les 2 écoutes puis 30 secondes pour vérifier vos réponses. Lisez les questions. Vous habitez à Vichy, en France. Vous entendez cette information à la radio. Répondez aux questions.

1. Où a lieu l'opéra Mozart ? 1 point

☐ **A.** ☐ **B.** ☐ **C.**

2. Quels jours l'opéra est présent dans la ville ? 2 points

....

3. À quel numéro de téléphone pouvez-vous réserver vos places ? 1 point

✆ __ - __ - __ - __ - __ .

4. Le prix des places commence à... 1 point
☐ 8 €. ☐ 10 €. ☐ 12 €.

Exercice 3 6 points PISTE 77

Vous allez entendre 2 fois un document. Il y a 30 secondes de pause entre les 2 écoutes puis 30 secondes pour vérifier vos réponses. Lisez les questions. Vous écoutez ce message sur votre répondeur. Répondez aux questions.

1. Vous êtes invité(e) à un entretien pour quel poste ? 1 point
☐ Serveur.   ☐ Vendeur.   ☐ Directeur.

2. Il faut répondre avant quelle date ? 1 point
☐ Le 8 juin.   ☐ Le 18 juin.   ☐ Le 28 juin.

3. Quel document est-ce que vous devez envoyer ? 2 points

....

4. Quelle est l'adresse du restaurant ? 2 points

.... rue Baudelaire.

Exercice 4 10 points PISTE 78

Vous allez entendre 5 petits dialogues correspondant à 5 situations différentes. Il y a 15 secondes de pause après chaque dialogue. Notez, sous chaque image, le numéro du dialogue qui correspond. Puis vous allez entendre à nouveau les dialogues et pourrez compléter vos réponses. Regardez les images. Attention, il y a 6 images (A, B, C, D, E et F) mais seulement 5 dialogues.

Image A

Dialogue n°...

Image B

Dialogue n°...

Image C

Dialogue n°...

Image D

Dialogue n°...

Image E

Dialogue n°...

Image F

Dialogue n°...

Compréhension des écrits

25 points

Répondez aux questions en cochant (☑) la bonne réponse ou en écrivant l'information demandée.

Exercice 1 **6 points**

Vous êtes en France. Vous recevez ce message dans votre boîte aux lettres.

> Bonjour,
>
> Je suis votre nouvelle voisine de l'immeuble. J'habite au 4e étage, appartement numéro 5.
>
> Pour connaître mes nouveaux voisins, je vous invite à dîner chez moi vendredi à 18 h 30.
>
> Je vais préparer le repas et le dessert. Vous pouvez apporter les boissons.
>
> Si vous êtes disponible, merci de me répondre avant jeudi avec un message dans ma boîte aux lettres.
>
> Isabelle

1. À quel étage habite votre nouvelle voisine ? 1 point

....

2. Isabelle vous invite à... 1 point
☐ dîner chez elle.
☐ boire un verre chez elle.
☐ aller au restaurant avec elle.

3. Quel jour est le rendez-vous ? 2 points

....

4. Qu'est-ce que vous devez apporter ? 1 point

 ☐ A.

 ☐ B.

 ☐ C.

5. Pour répondre, vous devez... 1 point
☐ aller chez Isabelle.   ☐ téléphoner à Isabelle.   ☐ laisser un message à Isabelle.

Exercice 2 **6 points**

**Vous êtes dans le sud de la France.
Vous lisez cette publicité.**

> **Visitez le village de MONTAUROUX !**
>
> **Département :** Var.
> **Nombre d'habitants :** 6 118.
> **Code postal :** 83440.
>
> Le village est près de Grasse. Plus loin, sur la côte, il y a Cannes et Nice.
>
> Découvrez le village à pied. Partez de la place de la mairie, prenez la rue Saint-Paul vers l'église. Quand vous arrivez à l'église, tournez à gauche. L'école du village est à votre droite. Continuez tout droit et vous arrivez à la maison de Madame Lesieur, la plus vieille maison du village !
>
> **Montauroux offre des feux d'artifice l'été sur la place de la mairie.**

1. Montauroux se trouve dans quel département ? 1 point

....

2. Il y a combien d'habitants à Montauroux ? 1 point

....

3. Montauroux est près de... 1 point
☐ Cannes.   ☐ Grasse.   ☐ Valence.

4. Dessinez, sur le plan, le chemin pour aller découvrir la maison de Madame Lesieur. 2 points

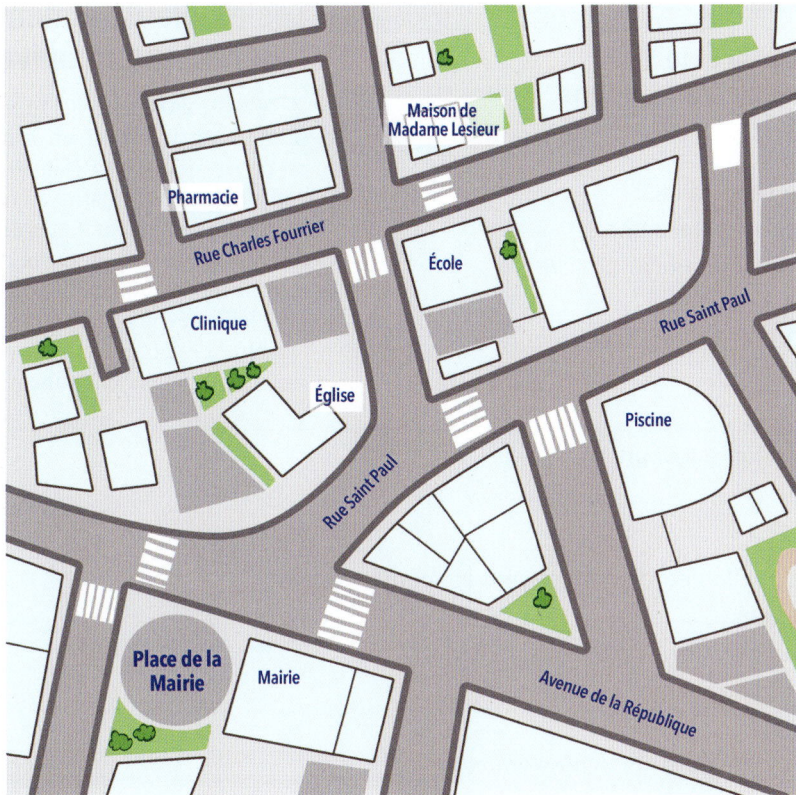

5. Quand ont lieu les feux d'artifice à Montauroux ? 1 point

☐ Au printemps.   ☐ En été.   ☐ En automne.

Exercice 3   6 points

Vous êtes en France et vous cherchez du travail. Vous lisez ces annonces dans un journal.

1. Quel restaurant propose un travail pour l'été ? 1 point

....

2. Quel lieu offre un travail pour les week-ends ? 1 point

....

PETITES ANNONCES

Magasin Tara
cherche un vendeur pour les samedis et les dimanches.
Écrire à : tara_recrute@tara.fr

Boulangerie Dupain
recherche une vendeuse du mardi au samedi de 8 h à 17 h.
Tél. : 04.93.65.38.40.

École académie
cherche un professeur de mathématiques.
Contrat du 01/04 au 30/06.

Restaurant P'tit Quinquin
recherche une serveuse pour l'été. Appeler Jérémie au 06.52.08.41.92.

Restaurant La belle vie
recherche un cuisinier avec expérience.
Appeler au 07.23.58.92.05 avant le 5 septembre.

3. Pour travailler à la boulangerie, vous devez être disponible combien de jours ? 1 point

....

4. Vous cherchez un emploi en cuisine, quel numéro devez-vous appeler ? 1 point

✆ __ __ - __ __ - __ __ - __ __ - __ __ .

5. École académie propose un contrat de... 2 points

☐ 1 mois.   ☐ 2 mois.   ☐ 3 mois.

Exercice 4 — 7 points

Vous lisez cet article dans un journal francophone.

Les étudiants aiment leur restaurant universitaire

Dans l'université de Lille, le restaurant universitaire est un lieu important. Il est ouvert de 8 h 00 à 18 h 30. Il propose des petits déjeuners le matin, un repas complet le midi pour seulement 4 € et des pâtisseries et des boissons toute la journée. Les étudiants retrouvent leurs amis. Ils peuvent jouer, lire, faire leurs devoirs et aussi rencontrer les professeurs. Les étudiants sont plus souvent au restaurant qu'à la bibliothèque !

1. L'article parle...   1 point
☐ de la vie universitaire.
☐ du restaurant universitaire.
☐ de la bibliothèque universitaire.

2. Quels sont les horaires d'ouverture ?   2 points

De .... à ....

3. Combien coûte le déjeuner ?   2 points

....

4. Qui est-ce que les étudiants peuvent rencontrer ?   1 point
☐ Les professeurs.
☐ Le directeur de l'université.
☐ Les serveurs du restaurant.

5. Où les étudiants sont-ils le plus souvent ?   1 point

☐ A.

☐ B.

☐ C.

Production écrite   25 points

Exercice 1 — 10 points

Vous êtes dans l'avion pour la France. Vous remplissez ce formulaire.

Nom : xxxxxxxxxxxxxx
Prénom : ....
Date de naissance : ....
Nationalité : ....
Profession : ....
Ville de départ : ....
Ville d'arrivée : ....
Date d'arrivée : ....
Nombre de jours en France : ....
Adresse en France : ....
Adresse électronique : ....

Exercice 2   15 points

Vous êtes en vacances. Vous écrivez à votre ami français. Vous racontez vos activités. Vous dites avec qui vous êtes. (40 mots minimum)

Production orale
25 points

L'épreuve se déroule en trois parties : un entretien dirigé, un échange d'informations et un dialogue simulé (ou jeu de rôle). Elle dure de 5 à 7 minutes. Vous disposez de 10 minutes de préparation pour les parties 2 et 3 (échange d'informations et dialogue simulé).

Partie 1 : entretien dirigé (1 minute environ).
Vous répondez aux questions de l'examinateur sur vous, votre famille, vos goûts ou vos activités (exemples : comment vous vous appelez ? Quelle est votre nationalité ?, etc.).

Partie 2 : échange d'informations (2 minutes environ).
Vous voulez connaître l'examinateur. Vous lui posez des questions à l'aide des mots écrits sur les cartes. Vous ne devez pas obligatoirement utiliser le mot, vous pouvez poser une question sur le thème.
Exemple : avec la carte « situation familiale », vous pouvez poser la question « Est-ce que vous êtes marié ? ».

Marché ?   Réunion ?   Dimanche ?   Film ?   Études ?   Stylo ?

Ordinateur ?   Livre ?   Loisir ?   Célibataire ?

Partie 3 : dialogue simulé (2 minutes environ)
Vous tirez au sort 2 sujets. Vous en choisissez un. Vous jouez la situation proposée.
Vous vous informez sur le prix des produits que vous voulez acheter ou commander.
Vous demandez les quantités souhaitées. Pour payer, vous disposez de photos de pièces de monnaie et de billets.
N'oubliez pas de saluer et d'utiliser des formules de politesse.

Sujet 1 : Dans une librairie
Vous habitez à Lyon. Vous allez dans une librairie pour acheter des livres. Vous demandez des informations. Vous choisissez 1 ou 2 livres et vous payez.
L'examinateur joue le rôle du vendeur.

Sujet 2 : Dans un café
Vous êtes à Brest. Vous entrez dans un café.
Vous commandez un dessert et une boisson.
Vous demandez l'addition et vous payez.
L'examinateur joue le rôle du serveur.

ÉPREUVE COLLECTIVE 2

Compréhension de l'oral

25 points

Répondez aux questions en cochant (☑) la bonne réponse ou en écrivant l'information demandée.

Exercice 1 — 4 points 🎧 PISTE 79

Vous allez entendre 2 fois un document. Il y a 30 secondes de pause entre les 2 écoutes puis 30 secondes pour vérifier vos réponses. Lisez d'abord les questions. Vous entendez ce message sur votre répondeur. Répondez aux questions.

1. Le train part du quai :   1 point
☐ numéro 5.
☐ numéro 7.
☐ numéro 16.

2. À quelle heure part le train ?   1 point
....

3. Quel est le numéro du train ?   1 point
....

4. Quelle est la destination du train ?   1 point
☐ Caen.
☐ Évian.
☐ Lorient.

Exercice 2 — 5 points 🎧 PISTE 80

Vous allez entendre 2 fois un document. Il y a 30 secondes de pause entre les 2 écoutes puis 30 secondes pour vérifier vos réponses. Lisez d'abord les questions.
Vous écoutez ce message sur votre répondeur. Répondez aux questions.

1. Où a lieu le rendez-vous ?   1 point
☐ 3, quai de la Seine.   ☐ 3, quai de l'Horloge.   ☐ 3, quai de la Magisserie.

2. À quelle heure a lieu le rendez-vous ?   2 points
☐ 14 h 30.   ☐ 15 h 30.   ☐ 16 h 30.

3. Quel est le numéro de téléphone de Marie ?   1 point
✆ .... - .... - .... - .... - ....

4. Il faut penser à apporter...   1 point
☐ un livre.   ☐ une horloge.   ☐ un parapluie.

Exercice 3 6 points PISTE 81

Vous allez entendre 2 fois un document. Il y a 30 secondes de pause entre les 2 écoutes puis 30 secondes pour vérifier vos réponses. Lisez d'abord les questions.
Vous écoutez ce message sur votre répondeur. Répondez aux questions.

1. On vous propose quel poste ?   1 point
☐ Directeur.   ☐ Employé.   ☐ Commercial.

2. Il faut répondre avant quelle date ?   1 point
☐ Le 2 juin.   ☐ Le 12 juin.   ☐ Le 20 juin.

3. Quel document est-ce que vous devez envoyer ?   2 points

....

4. Quelle est la référence du dossier ?   2 points
☐ A709.   ☐ A749.   ☐ B869.

Exercice 4 10 points PISTE 82

Vous allez entendre 5 petits dialogues correspondant à 5 situations différentes. Il y a 15 secondes pause après chaque dialogue. Notez, sous chaque image, le numéro du dialogue qui correspond. Puis vous allez entendre à nouveau les dialogues et pourrez compléter vos réponses. Regardez les images. Attention, il y a 6 images (A, B, C, D, E et F) mais seulement 5 dialogues.

A

Situation n°...

B

Situation n°...

C

Situation n°...

D
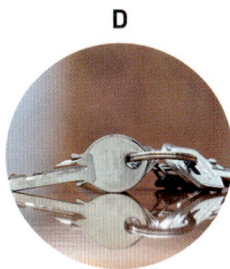
Situation n°...

E

Situation n°...

F

Situation n°...

Compréhension des écrits

25 points

Répondez aux questions en cochant (☑) la bonne réponse ou en écrivant l'information demandée.

Exercice 1 6 points

Vous êtes en France.
Vous recevez ce message
dans votre boîte aux lettres.

> Salut Guillaume,
> J'ai 40 ans la semaine prochaine, le 9 avril !
> On fait une fête samedi prochain vers 19 heures.
> J'habite au 6e étage, appartement numéro 12.
> Je vais préparer à manger. Vous pouvez
> apporter les boissons.
> Si vous êtes disponible, merci de me répondre
> avant jeudi avec un message dans ma boîte
> aux lettres.
> Louise

1. Qui a écrit cette carte ? 1 point

....

2. Cette carte est une invitation à : 1 point
☐ une soirée entre voisins.
☐ une soirée d'anniversaire.
☐ une soirée de présentation.

3. À quel étage habite la personne ? 1 point

....

4. Quel jour est le rendez-vous ? 1 point

....

5. Qu'est-ce que vous devez apporter ? 1 point
☐ Du pain.
☐ Le dessert.
☐ Des boissons.

6. Vous devez répondre avant... 1 point
☐ 19 heures.
☐ jeudi.
☐ samedi soir.

Exercice 2   6 points

Vous recevez le document suivant.

1. Cette lettre est :   1 point
☐ une inscription.
☐ une annulation.
☐ une confirmation.

2. À quelle date allez-vous arriver ?   2 points

....

3. Où se situe votre emplacement ?   1 point

....

4. Il faut confirmer avant le...   2 points
☐ 10 juillet.
☐ 14 juillet.
☐ 31 juillet.

CAMPING LES FLOTS BLEUS
3 Route du Chemin des Dunes
34440 VIAS PLAGE
tél (33) 04 67 31 64 80

le 10 janvier 2016

Madame, Monsieur,

Nous avons bien reçu votre chèque de 350 €
pour votre séjour du 14/07 au 31/07, nous vous en
remercions.

Nous vous confirmons la situation de votre
emplacement pour une tente de 4 à 6 places entre
la piscine et le mini golf, lot n° 43.

Les douches se trouvent à côté du terrain de
tennis.

Notre épicerie est ouverte de 8 h à 20 h 30 sans
interruption.

Tous les soirs, nous invitons vos enfants à
participer à des jeux de 17 h à 19 h.

Merci de confirmer votre venue le 10/07 avant
17 h.

Le camping des Flots Bleus vous souhaitent
d'excellentes vacances.

Cordialement,

La Direction

Exercice 3   6 points

Vous êtes en France.
Vous avez deux enfants
et vous cherchez une maison.
Vous lisez ces annonces
dans un journal.

PETITES ANNONCES

Maison de 80 m², grand séjour.
Deux chambres.
800 euros par mois.
Orientation sud-ouest.
Tél. : 02.96.65.42.35

Studio 27 m², quartier animé,
meublé.
Prix / mois : 400 euros charges
comprises.
Tél. : 06.28.46.12.38

Appartement 45 m²,
1 belle chambre avec vue.
Cuisine équipée.
Prix / mois : 600 euros charges
comprises. Parking privé.
Tél. : 07.14.36.89.55

Maison 200 m², très calme,
dans verdure, idéal pour
les enfants avec jardin clos.
Trois chambres, commerces et
écoles proches
950 euros par mois sans les
charges. Libre de suite.
Tél. : 06.01.08.26.47

1. À quel numéro téléphonez-vous ?   1 point

✆ .... - .... - .... - .... - ....

2. Quel est le prix d'un mois de location ?   1 point

....

3. Quelle est la surface du logement ?   2 points

....

4. Il y a combien de chambres ?   1 point
☐ 1.   ☐ 2.   ☐ 3.

5. Le quartier est...   1 point
☐ animé.   ☐ calme.   ☐ bruyant.

Exercice 4 7 points

Vous lisez cet article dans un journal francophone.

Un festival pour tous les goûts

Des dizaines de festivals musicaux se préparent pour les deux mois d'été. Il est difficile de participer à tous !

Pour vous aider à les choisir, nous avons sélectionné douze festivals très variés, de la musique électronique à la musique « indépendante » en passant par la variété, le rock et la pop.

Sur ces douze événements comme les Francofolies à La Rochelle, les Eurockéennes de Belfort, La Route du rock à Saint-Malo ou Les Vieilles Charrues à Carraix en Bretagne, nous avons listé les 384 artistes et groupes pour 545 prestations au total. Vous pourrez retrouver la programmation de centaines d'artistes à l'Office du Tourisme de Bretagne. Il est ouvert de 10 h 00 à 17 h 30.

Un bel été en perspective ! ∎

1. L'article parle...   1 point
☐ de festivals de danse.
☐ de festivals de cinéma.
☐ de festivals de musique.

2. Combien est-ce qu'il y a de festivals sélectionnés ?   2 points

....

3. Il y a combien d'artistes ?   1 point

....

4. Où ont lieu les Eurockéennes ?   1 point
☐ À Belfort.
☐ À Carraix.
☐ À Saint-Malo.

5. Quels sont les horaires d'ouverture ?   2 points

De .... à ....

Production écrite

25 points

Exercice 1   10 points

Vous remplissez
ce formulaire d'inscription
au conservatoire de musique
pour votre enfant.

CONSERVATOIRE DE LA VILLE DE PARIS
FICHE D'INSCRIPTION
ANNEE 2016-2017

Nom de votre enfant : xxxxxxxxxxxxxx

Prénom de votre enfant : ....

Date de naissance : ....

Adresse complète : ....

Votre numéro de portable : ....

Instrument : ....

Depuis combien de temps votre enfant pratique cet instrument ?

....

Quel(s) jour(s) et heure préférez-vous pour votre enfant ?

....

Exercice 2   15 points

Vous passez chez une amie. Elle est absente. Vous laissez un mot pour l'inviter
à votre anniversaire. Vous précisez la date, l'heure et le lieu de rendez-vous de
la fête. Vous donnez votre numéro de portable et votre adresse électronique.
(40 mots minimum)

Production orale

25 points

L'épreuve se déroule en trois parties : un entretien dirigé, un échange d'informations et un dialogue simulé (ou jeu de rôle). Elle dure de 5 à 7 minutes. Vous disposez de 10 minutes de préparation pour les parties 2 et 3 (échange d'informations et dialogue simulé).

Partie 1 : entretien dirigé (1 minute environ).
Vous répondez aux questions de l'examinateur sur vous, votre famille, vos goûts ou vos activités (exemples : comment vous vous appelez ? Quelle est votre nationalité ?...)

Partie 2 : échange d'informations (2 minutes environ).
Vous voulez connaître l'examinateur. Vous lui posez des questions à l'aide des mots écrits sur les cartes. Vous ne devez pas obligatoirement utiliser le mot, vous pouvez poser une question sur le thème.

Voiture ?   Sport ?   Musique ?   Voyages ?   Dessert ?

Enfant ?   Week-end ?   Mer ?   Adorer ?   Avion

Partie 3 : dialogue simulé ou jeu de rôle (2 minutes environ).
Vous tirez au sort 2 sujets. Vous en choisissez un. Vous jouez la situation proposée.
Vous vous informez sur le prix des produits que vous voulez acheter ou commander.
Vous demandez les quantités souhaitées. Pour payer, vous disposez de photos de pièces de monnaie et de billets.
N'oubliez pas de saluer et d'utiliser des formules de politesse.

Sujet 1 : Dans une bijouterie
C'est le cinquantième anniversaire de votre mère. Tous les frères et sœurs souhaitent lui offrir un bijou. Vous êtes en France et vous allez dans une bijouterie pour choisir, demander les prix et acheter un bijou.
L'examinateur joue le rôle du vendeur.

Sujet 2 : À l'hôtel
Vous arrivez à l'hôtel à Lille. Vous demandez une chambre pour 1 ou 2 personnes.
Vous commandez le petit déjeuner. Vous demandez le prix et vous payez.
L'examinateur joue le rôle de l'employé à l'accueil.

TRANSCRIPTIONS

Activité 1, p. 12, PISTE 01

1. Bonjour. C'est Virginie. Tu veux aller à la piscine mercredi après-midi ? Tu peux venir avec Julie. J'attends ton appel. À bientôt.
2. Salut, c'est Anne. Avec Laura, nous allons au cinéma samedi pour voir le nouveau film de Josiane Balasko. Est-ce que tu veux venir ? Rappelle-moi !
3. Bonjour. J'organise la fête d'anniversaire de Luigi. C'est le samedi 24 septembre. Est-ce que tu es disponible ? Appelle-moi ! Ah, au fait, c'est Vincent. À bientôt.

Activité 2, p. 12, PISTE 02

1. Salut, c'est Adrien. Samedi, c'est mon anniversaire. Je t'invite au restaurant. Si tu es d'accord, rendez-vous à 19 h chez moi. Tu peux venir avec Amandine !
2. Bonjour, c'est moi, Valérie. Je suis devant le musée. J'attends Isabelle. Elle est en retard. Tu es toujours d'accord pour le rendez-vous de 16 h avec Juliette ? À tout à l'heure.
3. Allô ? C'est Louis. On peut aller se promener dans la forêt dimanche s'il fait beau. Charlie est d'accord. Et j'invite Pierre, un ami du club de tennis. Rappelle-moi !

Activité 3, p. 12, PISTE 03

1. C'est Valentin. Il y a une nouvelle exposition au musée des sciences. Mardi, je vais au théâtre. Est-ce que tu veux venir avec moi voir l'exposition mercredi ?
2. Allô ? C'est Léa. Je t'appelle pour te dire que le film est à 16 h 30. Est-ce que tu peux acheter les billets ? Je fais des courses et j'arrive. Merci !
3. Salut. C'est Diana. Est-ce que tu peux apporter un gâteau à la fête d'anniversaire de Samuel ? Moi, j'apporte des boissons. Merci !

Activité 4, p. 12, PISTE 04

1. Bonjour, c'est Martine. Alors, pour la fête de samedi, tu dois apporter un jus de fruits. Nicole apporte un gâteau et moi, une salade. À samedi !
2. Salut ! C'est Jean-Luc. J'ai les billets pour le concert de vendredi. Tu peux venir avec Sophie. Moi, j'invite Brigitte. À vendredi !
3. Oui, c'est Marc. Écoute, je suis disponible jeudi pour jouer au football. Mercredi, je vois Alberto. Est-ce que tu es d'accord pour jeudi alors ?

Activité 5, p. 13, PISTE 05

1. Mes deux frères et moi, nous allons au parc cet après-midi. Est-ce que tu veux venir ?
2. Marc et Sophie viennent à la fête. Maintenant, il y a 16 personnes sur la liste !
3. Est-ce que tu peux acheter 10 tomates pour le repas de ce soir ? Merci !

Activité 6, p. 13, PISTE 06

1. C'est Alexandre. Je suis au magasin et j'achète deux kilos et demi de pommes de terre. Est-ce que c'est bien ça ?
2. J'ai vingt et une paires de chaussures. C'est beaucoup !
3. Je veux entrer dans ce magasin. Il y a 75 % de réduction !

Activité 7, p. 13, PISTE 07

– Je suis né le 28 août 1978. Et toi Audrey ?
– Moi ? Le 1er mars 1982.
– Tu es plus jeune que moi. Et toi Alexandra ?
– Je suis née la même année, le 30 mai 1982.

Activité 8, p. 13, PISTE 08

1. Allô ? C'est Sylvain. Rappelez-moi. Mon numéro est le 06.41.12.71.39.
2. Bonjour. C'est Robert. Peux-tu me rappeler au 03.21.96.55.41 ? Merci.
3. Notez mon numéro de téléphone : 04.83.72.11.29.

Activité 9, p. 13, PISTE 09

1. Bonjour. Pouvez-vous me rappeler au 01.47.72.33.09 ? Merci.
2. Le numéro de téléphone de la direction est le 03.20.90.01.00.
3. Peux-tu appeler Julia sur son téléphone portable ? C'est le 06.09.77.50.11.

Activité 10, p. 13, PISTE 10

1. C'est Pauline. Dimanche, Tom fait du tennis. Moi, je vais à la piscine. Est-ce que tu veux venir avec moi ?

2. Salut ! C'est Jean. Je vais au cours de dessin ce soir. Et toi ? Après, on peut aller au cinéma avec Julien.

3. C'est Éric. Julie ne va pas au cinéma. Elle va au théâtre. Moi, je ne sais pas. Je vais regarder la télévision. Et toi ?

Activité 11, p. 14, PISTE 11

1. Oui, c'est Jacques. Alors, samedi, je ne travaille pas au magasin de moto. On peut aller au parc faire du vélo. Après, on peut faire des crêpes chez moi. Appelle-moi !

2. Salut ! C'est Clara. Tu es toujours d'accord pour aller au centre commercial acheter un pantalon ? Toi, tu veux une chemise, c'est ça ? Rendez-vous à 11 h !

3. Salut ! C'est Lucie. Samedi, on peut aller au marché pour acheter les fruits. Mais pour les boissons, on va au magasin. D'accord ? Appelle-moi !

Activité 12, p. 14, PISTE 12

1. Les immeubles sont grands. Il y a beaucoup de voitures. Je visite les musées et les monuments. C'est une belle ville !

2. Il y a une forêt et un grand lac. Il y a des bruits d'animaux. Et le silence ! Ce sont de belles vacances !

3. Je suis contente de partir en vacances avec toi. Dans ma valise, je mets ma serviette, mes lunettes de soleil et mon billet d'avion !

Activité 13, p. 14, PISTE 13

1. Salut ! C'est Sébastien. Est-ce que tu es chez toi ? Je te téléphone pour le rendez-vous de mardi. On se retrouve chez moi à midi, d'accord ? À mardi !

2. C'est Sountou. Tu viens avec moi au marché ? Si tu es d'accord, rendez-vous devant le marché à 10 h. Et on va au restaurant aussi ? Appelle-moi !

3. Salut ! Je fais des courses au centre commercial. Il y a des réductions au magasin Dupont. Viens tout de suite ! Je t'attends à l'entrée du magasin.

Activité 14, p. 14, PISTE 14

1. Demain, il fait beau ! Soleil sur toute la France avec des températures agréables.

2. Attention ! Demain, dimanche, de la neige dans le nord avec, donc, des températures très basses.

3. Aujourd'hui, n'oubliez pas votre manteau. De la pluie au nord, à l'est, à l'ouest et au centre !

4. Attention ! Beaucoup de nuages dans le nord de la France et des orages importants dans le sud.

Activité 15, p. 15, PISTE 15

1. Après la pluie et les températures basses, enfin 18 degrés à Paris !

2. N'oubliez pas votre manteau, votre écharpe et vos gants ! Seulement 4 degrés à Lille !

3. Aujourd'hui, un climat agréable avec 15 degrés à Paris, 19 degrés à Lyon et 23 degrés à Bordeaux.

Activité 16, p. 15, PISTE 16

1. Nouveau magasin de vêtements dans le centre-ville. Grande inauguration avec 25 % de réduction jeudi de 10 h à 18 h. Allez-y !

2. Beaucoup de voitures sur les routes ce matin. Attention ! Prenez les transports en commun et laissez votre voiture chez vous.

3. Aujourd'hui, il y a des millions d'animaux domestiques en France. Ce sont surtout des chiens, des chats et des oiseaux. Et vous ? Quel animal avez-vous ?

Activité 17, p. 15, PISTE 17

1. Samedi, devant la mairie, une grande exposition est organisée par l'association du village. Pour toute information supplémentaire, je vous rappelle que les bureaux de l'association sont au numéro 35 du boulevard Victor Hugo.

2. Le directeur de l'entreprise des biscuits LOLO va à l'école Jules Ferry aujourd'hui pour rencontrer les élèves et présenter les activités de son entreprise. Il va offrir des biscuits aux enfants et aux professeurs, c'est sûr !

3. Au marché, les nouveaux fruits de la saison sont arrivés. Il y a des pommes et des bananes ! Et grosse réduction sur les salades. Le marché, c'est le samedi de 8 h à 13 h sur la place du village.

Activité 18, p. 15, PISTE 18

1. Le chanteur Kendji Girac est à Toulouse pour un grand concert. Aujourd'hui, vendredi 22 avril, Kendji Girac est avec nous. Son concert est à 20 h, ce soir, dans la salle Gainsbourg.

2. Le cinéma Terre'in présente le nouveau film de Luc Besson avec la présence des acteurs. C'est ce soir. Vous pouvez acheter les billets sur le site internet du cinéma.

3. La poste est fermée ! Vous ne pouvez plus envoyer de colis pendant les vacances. Mais la boîte aux lettres est toujours disponible. Vous pouvez donc envoyer vos lettres pendant les vacances.

Activité 19, p. 15, PISTE 19

1. Oui, c'est Brigitte. Je suis avec Catherine. On mange. Est-ce que tu viens au concert samedi ? Appelle-moi ! À bientôt.

2. Salut, c'est Samuel. Je mange chez Amélie et on se demande comment s'appelle ton école de théâtre. Rappelle-nous. Merci !

3. Allô ! C'est Lucie. Je suis à la caisse. Est-ce que j'achète de la viande pour ce soir ? Appelle-moi vite ! Bisous.

Activité 20, p. 15, PISTE 20

1. Mesdames, Messieurs. Nous vous rappelons que le poids maximum des bagages à main est de 12 kg. Les autres bagages doivent être enregistrés avant de monter dans l'avion. Merci.

2. Mesdames, Messieurs. Tous nos trains ont un bar pour acheter des boissons et des biscuits pendant votre voyage. Merci de votre attention et bon voyage.

3. Mesdames, Messieurs. Les quais 3 et 5 sont exceptionnellement fermés. Tous les trains partent des quais 2 et 4. Merci de votre attention.

Activité 21, p. 16, PISTE 21

1. C'est une grande maison !
2. C'est une grande maison ?
3. C'est une grande maison.
4. Le voyage est long ?
5. Le voyage est long.
6. Le voyage est long !

Activité 22, p. 16, PISTE 22

1. Allô ? C'est Rachida. Je t'appelle pour te dire que je ne peux pas venir ce soir. Je suis malade. Je vais chez le médecin tout à l'heure.

2. Salut ! Je vais au Brésil pendant les vacances ! C'est super ! Je te raconte samedi.

3. Oh, tu ne viens pas à la fête ? Moi, je veux y aller avec toi. Allez, viens, s'il te plaît.

4. Allô ? Pourquoi tu ne réponds pas ? C'est important. Tu es où ? Appelle-moi !

5. Oui, c'est moi. Je ne peux pas aller au cinéma ce soir. J'ai beaucoup de travail. Je suis très fatigué.

Activité 23, p. 16, PISTE 23

1. Chers clients, pendant 30 minutes, grande promotion sur tous les poissons avec 40 % de réduction ! Oui, 40 % de réduction ! Pendant seulement 30 minutes ! Vite !

2. Après la réduction spéciale sur les pantalons, rendez-vous au rayon jouets pour les garçons. Réduction de 20 % maintenant sur les jouets pour les garçons. Pour les filles, c'est cet après-midi.

3. Chers clients, rendez-vous à l'entrée du magasin pour découvrir nos promotions spéciales sur tous nos produits. Ne partez pas ! Rendez-vous à l'entrée !

Activité 24, p. 16, PISTE 24

Chers clients, bienvenue dans votre centre commercial. Grande promotion sur les livres. La promotion commence à 10 h dans votre magasin Fnoc. 15 % de réduction sur tous les livres. Après, réductions spéciales sur les légumes dans votre magasin PrixFrancs.

Activité 25, p. 16, PISTE 25

1. Mesdames, Messieurs, votre attention s'il vous plaît. Le vol AF793 à destination de Rome partira porte H.

2. Mesdames, Messieurs, votre attention s'il vous plaît. Le train TGV1210 à destination de Nantes partira avec 10 minutes de retard.

3. Mesdames, Messieurs, votre attention s'il vous plaît. Le train TGV1002 à destination de Rennes partira à 9 h 03.

Activité 26, p. 17, PISTE 26

1. Bonjour. Madame Clara Dupont au téléphone, secrétaire de madame la directrice. Êtes-vous disponible pour un rendez-vous mardi ? J'attends votre appel.

2. Bonjour. Monsieur Legrand. Je vous appelle pour prendre un rendez-vous pour parler des notes de votre fils. Ses notes de mathématiques sont très basses. Merci.

3. Allô ? C'est Madame Fournier de l'Agence pour l'emploi. Votre rendez-vous de jeudi à 10 h au restaurant est confirmé. N'oubliez pas vos documents. Merci.

Activité 27, p. 17, PISTE 27

1. Bonjour, c'est Madame Lambert, de l'Agence pour l'emploi. Nous avons une offre pour être pompier à Lille. Allez sur notre site internet pour voir l'offre. C'est la seule offre « pompier ». Au revoir.

2. Oui, c'est Madame Joly du collège Vauban. Votre fille est absente de ma classe de français. Pouvez-vous me rappeler s'il vous plaît ? Merci.

3. Bonjour, c'est Madame Morin de l'Agence pour l'emploi. Il y a des offres pour « serveur » et une offre pour « vendeur ». Vous avez rendez-vous pour l'offre « vendeur » avec moi demain. Merci.

Activité 28, p. 17, PISTE 28

1. Bonjour. Monsieur Clément au téléphone. Je prépare notre entretien de demain. Envoyez-moi une photocopie de votre carte d'identité s'il vous plaît. Merci. À demain.

2. Bonjour, c'est Monsieur Dumont de l'Agence pour l'emploi. J'ai votre CV mais je n'ai pas votre lettre de motivation. Est-ce que vous pouvez me l'envoyer par courriel ? C'est urgent. Merci.

3. Pour la réunion avec le directeur du théâtre, n'oubliez pas le programme du concert. Le directeur veut voir la liste des chanteurs. La réunion doit durer 30 minutes maximum. Merci.

Activité 29, p. 17, PISTE 29

1. Bonjour, c'est Madame Lopez, la secrétaire de monsieur le directeur. Monsieur le directeur souhaite une réunion avec l'équipe. C'est urgent ! À partir de jeudi, il est en voyage. C'est possible une réunion aujourd'hui ? Vous pouvez organiser la réunion ?

2. Bonjour. C'est le magasin Nature & Jardin. Nous avons votre CV et votre lettre de motivation. Est-ce que vous pouvez venir à un entretien ? Merci de nous répondre par téléphone avant le 16 mai. Bonne journée.

3. Allô ? C'est Benoît de l'Agence pour l'emploi. Je vous rappelle votre rendez-vous de vendredi. N'oubliez pas de m'envoyer votre CV pour jeudi au plus tard. Vous pouvez m'appeler si vous avez des questions. Attention, je suis absent mercredi. Au revoir.

Activité 30, p. 18, PISTE 30

1. Le rendez-vous de mercredi est à 11 h 30.
2. Le déjeuner avec le directeur est à 12 h 00.
3. Votre rendez-vous avec le médecin est à 10 h 15.
4. Votre entretien commence à 9 h 45.
5. Le dentiste confirme votre rendez-vous de mercredi à 14 h 20.

Activité 31, p. 18, PISTE 31

1. Votre rendez-vous est lundi avec Monsieur Denis. Il vous attend à 15 h 40.
2. Allô ? C'est Madame Leblanc. Il est 9 h 45. Je vous attends pour votre entretien. Merci.
3. La réunion n'est plus à 13 h. Le directeur demande à faire la réunion à 17 h 30. Merci.

Activité 32, p. 18, PISTE 32

Allô ? C'est Justine. Ce soir, Angélique et Nicolas viennent manger à la maison. Est-ce que tu peux faire des courses s'il te plaît ? Il faut acheter du pain et de la viande. Moi, je vais au supermarché et j'achète les boissons. Ah et est-ce que tu peux acheter le journal ? Merci. À ce soir. Bisous.

Activité 33, p. 18, PISTE 33

Salut ! C'est Sophie. Je te téléphone pour te dire comment aller chez David. C'est très facile à partir de la place de la République où tu travailles. Prends le boulevard Saint-Michel. Ensuite, tourne à droite, rue du Tournesol et continue tout droit. Tourne dans la rue avec l'école. Je ne sais plus le nom de cette rue. Quand tu vois un cinéma, tourne à gauche. David habite face à la pharmacie. À tout à l'heure !

Activité 34, p. 19, PISTE 34

1. Salut ! C'est Renaud. La réunion de demain est annulée. Est-ce que tu peux appeler le directeur ? Merci.

2. Bonjour, c'est Monsieur Lenoir. Je ne suis pas au bureau aujourd'hui. Est-ce que vous pouvez appeler ma secrétaire pour un rendez-vous s'il vous plaît ? Au revoir.

3. Bonjour, c'est Adrien Rousseau. Je ne trouve pas le dossier pour la réunion de cet après-midi. Est-ce que tu peux m'appeler ? C'est urgent.

Activité 35, p. 19, PISTE 35

1. Bonjour, c'est Maxime. Je suis désolé. Demain, je ne peux pas aller à notre rendez-vous. Excuse-moi. Est-ce que tu es disponible jeudi ? Appelle-moi !

2. Salut, c'est Caroline. Alors, tu es en vacances à partir de jeudi. Super ! Tu vas à Montréal, c'est ça ? Bonnes vacances et à très bientôt !

3. C'est Sarah. Alors tu as un nouveau travail ? C'est génial ! C'est quoi ? Tu travailles où ? Raconte-moi ! Et encore félicitations ! Bisous.

Activité 36, p. 19, PISTE 36

1. Bonjour, c'est Madame Dupuis de l'Agence pour l'emploi. Nous avons une offre pour un emploi de serveur les samedis et dimanches. Si vous êtes intéressé, vous devez aller sur notre site internet et répondre à l'offre. Au revoir !

2. Bonjour, c'est Madame Dupuis de l'Agence pour l'emploi. Pour les offres d'emploi à l'aéroport, vous devez téléphoner directement à Monsieur Olivier. C'est le responsable des entretiens. N'oubliez pas de m'écrire pour me dire si vous appelez Monsieur Olivier. À bientôt !

3. Bonjour, c'est Madame Lecomte. Pour la réunion, merci d'apporter des feuilles et des stylos pour tout le monde. Pas de crayons ! Juste des stylos pour écrire. C'est important. Merci beaucoup.

Activité 37, p. 19, PISTE 37

1. – Tu as quel âge Anne ? 16 ans ?
– Mais non ! J'ai 18 ans.

2. – Marc, toi, tu as quel âge ?
– Moi ? J'ai 33 ans.

3. – Demain, j'ai 60 ans. Toi, Paul, tu es plus jeune non ?
– Non ! Je ne suis pas plus jeune que toi, Jean. Moi, j'ai 61 ans.
– Ah ! 61 ans ? D'accord.

Activité 38, p. 19, PISTE 38

1. – David, c'est quand ton anniversaire ?
– Mon anniversaire, c'est le 13 février.
– C'est bientôt ! Tu vas avoir quel âge ?
– Je suis né en 1990 donc je vais avoir 26 ans.

2. – Et toi, Margot, c'est quoi ta date de naissance ?
– Je suis née le 5 juillet 1988.
– Super ! Donc tu as 28 ans.
– Oui, c'est ça.

3. – Salut Emma ! Je prépare une fête pour ton anniversaire, le 8 mars.
– Mais non ! Je suis née le 18 mars !
– Ah ! Le 18 mars je ne suis pas disponible. C'est possible de faire la fête le 19 mars ?
– D'accord ! Attention, je vais avoir seulement 17 ans. Je suis née en 1999, pas en 2000 comme toi !

4. – Salut Victor ! Pour le cours de français, je dois présenter un ami. Est-ce que tu peux me parler de toi ?
– D'accord ! Quelles informations est-ce que tu veux ?
– Je veux ta date de naissance, des informations sur ta famille, tes activités… Ce que tu veux !
– Alors, je suis né le 21 octobre 2002. Donc, j'ai 14 ans. Ma mère s'appelle Catherine. Elle a 34 ans.

Activité 39, p. 20, PISTE 39

1. Tom a 40 ans. Il est grand et il est blond.
2. Louis a 23 ans. Il est petit et il est blond.
3. Arthur a 27 ans. Il est grand et il a les cheveux bruns.
4. Alain a 45 ans. Il est petit et il a les cheveux bruns.

Activité 40, p. 20, PISTE 40

1. Regarde, c'est une photo de ma famille. Il y a André, mon mari. C'est l'homme assis. Il a 70 ans donc ses cheveux sont gris. L'homme debout à gauche est mon fils. Il s'appelle Arnaud. Il a 46 ans. L'autre homme, à droite, le très grand, c'est Philippe, le mari de ma fille. J'ai deux filles. La blonde s'appelle Monique et celle qui a les cheveux bruns, c'est Béatrice.

2. Sur cette photo, il y a mon frère, Jean-Luc. C'est l'homme petit avec une moustache. Il y a aussi Jacques, mon autre frère. Lui, il est grand. Il a une moustache aussi. Ils sont avec leurs filles. Il y a Mathilde, Sonia et Clara. La femme blonde aux cheveux courts, c'est Clara. Sonia a 42 ans. C'est la femme blonde avec les cheveux très longs. Et l'autre, c'est Mathilde.

Activité 41, p. 20, PISTE 41

1. – Salut Guillaume ! Tu as des nouvelles lunettes ?
– Oui. Est-ce que tu aimes ?
– Bien sûr, elles sont belles.
2. – Excusez-moi ! Est-ce que vous avez l'heure s'il vous plaît ? Je n'ai pas de montre.
– Oui, bien sûr. Il est 10 h 15 (dix heures et quart). Attention, votre parapluie est ouvert.
– Oh oui ! Merci !
3. – Thomas, prends ton chapeau et ton manteau. Il fait froid.
– D'accord. Je mets mon chapeau et mon manteau.
– C'est bien.

Activité 42, p. 20, PISTE 42

Regarde, c'est une photo de ma famille. Il y a mon mari, Alexandre. C'est l'homme avec un jean et un pull rouge. L'homme aux lunettes et au tee-shirt bleu, c'est Alexis, mon frère. Et le jeune homme au tee-shirt jaune, c'est mon fils, Julien. La femme avec le sac à main, c'est Isabelle, la femme d'Alexis. La femme avec la jupe rose et le chapeau, c'est ma sœur, Lucie. Et il y a Marie, ma fille. Sur la photo, elle a une jupe blanche, une veste rose et un chapeau à la main. Moi, je suis la femme avec les lunettes !

Activité 43, p. 21, PISTE 43

1. Bonjour. Je vous souhaite la bienvenue. Je suis contente de vous rencontrer. Asseyez-vous.
2. Samuel, qu'est-ce que tu penses de cette note ? Pour toi, est-ce que c'est une bonne note ?
3. Monsieur et Madame Leroy ? Bonjour. Je suis Monsieur Dumont, le professeur de français de votre fils. Comment allez-vous ?
4. Aurélie et Adrien, est-ce que vous pouvez lire s'il vous plaît ? Aurélie, toi, tu lis la page 4 et toi, Adrien, tu lis la page 5.

Activité 44, p. 21, PISTE 44

1. – Bonjour Marion. Est-ce que tu es prête pour l'examen ?
– Salut Valentine ! Oui, je suis prête pour l'examen de Madame Leduc.
2. – Bonjour. Je suis Madame Olivia Laroche, la directrice de l'école.

– Bonjour. Anne-Marie Bourdon, la maman de Jules. Je vous remercie pour le rendez-vous.
3. – Monsieur Lemaître, pouvez-vous m'envoyer les résultats de votre classe ?
– Bien sûr monsieur le directeur. Je vous envoie les résultats tout de suite.

Activité 45, p. 21, PISTE 45

1. Bonjour Madame Buisson. Je suis le professeur d'histoire de votre fille. Julie, est-ce que tu as ton cahier avec toi ? Je veux le montrer à ta maman.
2. Lola ? Tu es dans ta chambre ? Est-ce que tu peux me montrer les explications de ton professeur de dessin, Madame Rossignol ? Je ne comprends pas ta note.
3. – Clémence, tu veux venir avec moi à la bibliothèque pour étudier pour l'examen d'anglais de tout à l'heure ?
– Bien sûr Gauthier.

Activité 46, p. 21, PISTE 46

1. – Camille, qu'est-ce que tu fais ici ?
– Je fais mes devoirs pour le cours d'histoire.
– Dans la salle du cours de français ?
– Oui, il n'y a personne !
2. – Augustin, tu vas à la salle de sport ?
– Non, je dois étudier. Je vais à la bibliothèque.
– D'accord. Et après, tu viens faire du sport avec moi ?
– Non, après, je vais chez moi. Je suis fatigué.
3. – Clément, où est-ce que tu vas ?
– Je vais chez moi maintenant pour faire mes devoirs. Et toi ?
– Moi aussi ! J'ai des devoirs de mathématiques pour demain.
– À demain !

Activité 47, p. 22, PISTE 47

1. – Ils sortent à quelle heure les élèves ?
– À 16 h 30. Regarde, les voilà !
2. – Tu viens comment au collège ?
– En bus. Et toi ?
– En voiture, avec mon père.
3. – C'est à quelle heure le cours de dessin ?
– À 14 h 30.
– Mais il est 14 h 30. Vite !
4. – Super ! Il y a du poulet aujourd'hui à la cantine !

– Et il y a des frites aussi ! J'adore le poulet avec des frites !

5. – Papa, est-ce que tu peux m'aider à faire mes devoirs ?

– Maintenant ? Mais c'est le petit déjeuner ! C'est pour quand tes devoirs ?

– Pour le cours d'histoire de tout à l'heure !

– Quoi ? Mais il est trop tard !

Activité 48, p. 22, PISTE 48

1. – Excusez-moi, où est la salle 12 ?

– La salle 12 est au premier étage. Prenez les escaliers !

2. – Est-ce que vous avez des documents en anglais ?

– Bien sûr ! Qu'est-ce que vous cherchez ?

– Je cherche des livres et des journaux.

3. – Bonjour. Je viens inscrire ma fille au cours de musique.

– Bonjour. Bienvenue. D'accord. C'est pour quel instrument ?

– La guitare. Quand commencent les cours ?

– La semaine prochaine.

4. – Monsieur, où est la ville de Lyon ?

– Lyon ? C'est ici !

– Au sud de Paris ?

– Oui, c'est ça.

5. – Bonjour. Je suis Madame Lenotre, la mère de Julien.

– Bonjour. Madame Fontaine, le professeur de Julien. Entrez !

Exercice 1, p. 23, PISTE 49

Allô ? Bonjour, c'est Hugo. Avec mes amis, Carlos et Anna, nous allons au cinéma mardi soir. Est-ce que tu veux venir ? Il y a un super film sur le nord de la France ! Rendez-vous à 18 h 30 devant le cinéma. Tu peux venir avec Carmen bien sûr. Appelle-moi ! À bientôt.

Exercice 2, p. 23, PISTE 50

Salut, c'est Jeannette ! Pour l'anniversaire de Louis samedi, est-ce que tu peux apporter le gâteau ? Moi, j'apporte les boissons et les ballons. On se retrouve chez moi à 14 h d'accord ? Je propose d'aller chez Louis en voiture et pas en métro. À samedi alors !

Exercice 3, p. 24, PISTE 51

Allô ? C'est Fabiola. Est-ce que tu veux aller à la plage cet après-midi ? On peut se retrouver chez moi à 13 h 30. Je vais préparer une salade avec du poulet pour le déjeuner. Toi, tu peux apporter de l'eau. Et on peut manger une glace à la plage ! À tout à l'heure.

Exercice 4, p. 24, PISTE 52

Chers clients, aujourd'hui, vendredi, nous vous rappelons le début de la grande promotion sur tous les disques de notre magasin. 25 % de réduction ! Oui, 25 % de réduction ! Retrouvez les disques à côté des livres. Attention, la réduction est valable jusqu'au 13 mai uniquement.

Exercice 5, p. 25, PISTE 53

Ce soir, grand concert sur la place de la mairie. Des chanteurs français, anglais et italiens sont au rendez-vous. Pour gagner des billets pour rencontrer les artistes, téléphonez au 01.46.79.02.84. La météo n'est pas au rendez-vous : de la pluie est annoncée. N'oubliez pas votre parapluie !

Exercice 6, p. 25, PISTE 54

Mesdames et Messieurs, votre attention s'il vous plaît. Le train TGV numéro 8570 partira à 10 h 24 voie E. Pour des consignes de sécurité, merci de vous présenter 15 minutes avant le départ. N'oubliez pas votre billet et votre pièce d'identité. Merci de mettre votre nom sur tous vos bagages. Bon voyage !

Exercice 7, p. 26, PISTE 55

Bonjour, c'est Madame Laforêt de l'entreprise Guy Mauve. Je vous appelle pour le travail de secrétaire. L'entretien avec le directeur est jeudi à quinze heures quarante-cinq. Pouvez-vous apporter votre CV et une photocopie de votre pièce d'identité ? Merci de vous présenter à la porte E. Au revoir.

Exercice 8, p. 27, PISTE 56

Bonjour, c'est Arwa. Le directeur organise une réunion demain. Est-ce que tu peux appeler le responsable de l'agence Boypower ? Son numéro personnel est le 06.61.07.95.30. Il faut lui dire que la réunion va durer 45 minutes. Et merci de réserver aussi le restaurant pour demain !

Exercice 9, p. 27, PISTE 57

Bonjour, c'est Monsieur Le Cornec de l'Agence pour l'emploi. Nous avons une nouvelle offre d'emploi. Un magasin cherche un vendeur pour les jouets. Si vous êtes intéressé, vous devez venir au bureau 212 avec une lettre de motivation. J'ai déjà votre CV. Je pars à 16 h alors merci de venir avant.

Exercice 10, p. 28, PISTE 58

1. – Dépêche-toi, tu vas être en retard pour l'école !
– J'ai bientôt fini mon petit déjeuner.
2. – Excusez-moi, vous connaissez la date de la réunion avec les professeurs ?
– Oui, c'est jeudi.
– Merci. Et c'est dans quelle salle ?
– C'est dans la bibliothèque de l'école.
3. – C'est à quelle heure le cours de mathématiques ?
– À 10 h 00.
– Ah, ça va. Encore 15 minutes.
4. – Bonjour. Ici, c'est la bibliothèque. Vous pouvez prendre des livres.
– Super ! Et des films aussi ?
– Oui, tu peux prendre des films aussi.
5. – C'est l'heure du dîner. Tu as fini tes devoirs ?
– Non. J'ai encore les devoirs de mathématiques.

Exercice 11, p. 28, PISTE 59

1. – Justin, tu vas où ?
– C'est l'heure du cours de musique.
2. – Bonjour Monsieur Garcia, comment allez-vous ?
– Oh, bonjour monsieur le directeur. Je vais bien merci et vous ?
– Très bien, je vous remercie.
3. – Oh non, il y a toujours du riz à la cantine !
– Oui, tu as raison. Moi, je veux des frites !
4. – Où est-ce que tu cours ?
– Je suis en retard pour le cours de sport.
– Mais le cours de sport c'est par là !
– Ah oui, tu as raison. Merci.
5. – Bonjour, je suis le professeur de français de votre fils. Asseyez-vous.
– Bonjour. Merci pour le rendez-vous.

Exercice 12, p. 29, PISTE 60

1. – Tu es inscrit à l'université toi ?
– Oui, je suis inscrit à l'université. Regarde, j'ai mon papier. Et toi ?
– Pas encore.
2. – Ah, regarde, c'est Madame Belkacem, la nouvelle professeur.
– C'est la prof de quoi ?
– C'est la professeur d'histoire.
3. – Tu viens comment à l'université toi ?
– Je viens à pied.
– À pied ? C'est long non ?
– Pas du tout. Seulement 10 minutes.
4. – Bonjour. Je viens inscrire mon fils au cours de dessin.
– Bonjour. Oui, bien sûr. Asseyez-vous.
5. – Bonjour, entrez. Je vous présente Carla, la nouvelle élève. C'est son premier jour.
– Bonjour tout le monde !

Production orale

Activité 11, p. 85, PISTE 61

1. Je m'appelle Amélie.
2. J'ai un frère et deux sœurs.
3. Je me lève à 7 h 00 et je vais à l'université à 8 h 00.
4. Je fais de l'équitation.
5. J'habite à Madrid, en Espagne.
6. Mon père s'appelle Thomas et ma mère s'appelle Angelina.
7. Mon père a 41 ans et ma mère a 38 ans.

Activité 12, p. 85, PISTE 62

1. – Quel âge avez-vous ? / – J'ai 50 ans.
2. – Quel animal avez-vous ? / – J'ai des oiseaux.
3. – Parlez-moi de vos parents. / – Ma mère s'appelle Louise et mon père, lui, s'appelle André.
4. – Quelles sont vos activités préférées ? / – Je fais du vélo le samedi et après, je vais au cinéma avec mes amis.
5. – Quelle est votre profession ? / – Je suis chirurgien.

Activité 13, p. 85, PISTE 63

– Bonjour.
– Bonjour.
– Bienvenue à votre épreuve de production orale du DELF A1. Le premier exercice est un en-

tretien dirigé. Je vous pose des questions pour vous connaître. Ça va ? Est-ce que nous pouvons commencer ?

– Oui, ça va.

– Comment est-ce que vous vous appelez ?

– Je m'appelle Youssef.

– Est-ce que vous pouvez épeler votre prénom s'il vous plaît ?

– Y-O-U-S-S-E-F.

– Et quel âge avez-vous ?

– 26 ans. J'ai 26 ans.

– Merci. Combien de frères et sœurs avez-vous ?

– J'ai un frère et deux sœurs.

– Comment s'appellent-ils ?

– Mon frère s'appelle Ahmed et mes sœurs s'appellent Liliane et Sara.

– Est-ce que vous faites un sport ?

– Oui.

– Quel sport est-ce que vous faites ?

– Je fais du basketball et du karaté.

– D'accord. Et vous faites ces sports quels jours ?

– Le basketball, c'est le mercredi et le samedi. Je fais du karaté le mardi et le jeudi.

– Merci Youssef. L'exercice 1 est terminé. Nous passons maintenant à l'exercice 2.

Activité 19, p. 87, PISTE 64

1. Où habitez-vous ?
2. Comment s'appelle votre femme ?
3. Quand allez-vous au cinéma ?
4. Comment est-ce que vous allez à votre bureau ?
5. Combien avez-vous de frères et de sœurs ?
6. Quelle est votre profession ?
7. Vous lisez quoi ?
8. Quelle est votre nationalité ?
9. Quel est votre film préféré ?
10. Qu'est-ce que vous faites le dimanche ?

Activité 20, p. 87, PISTE 65

1. À quelle heure est-ce que vous mangez le soir ?
2. Quelles langues est-ce que vous parlez ?
3. Quelle est votre couleur préférée ?
4. Le samedi vous faites quoi ?
5. Comment est-ce que vous allez à l'école ?

Activité 21, p. 88, PISTE 66

1. Combien d'animaux avez-vous ? / Est-ce que vous avez un chien ? / Quel est votre animal préféré ?

2. Combien d'amis avez-vous ? / Comment s'appelle votre meilleur ami ? / Qui est votre meilleur ami ? / Qu'est-ce que vous faites avec vos amis ?
3. Est-ce que vous aimez la plage ? / Où allez-vous en vacances ? / Quelle est votre plage préférée ?
4. Quel instrument est-ce que vous jouez ? / Quel type de musique écoutez-vous ? / Est-ce que vous écoutez la radio ?
5. Est-ce que vous avez un stylo bleu ? / Combien de stylos avez-vous ? / Où est votre stylo ? / Comment est-ce que vous écrivez ?

Activité 22, p. 88, PISTE 67

– Ma couleur préférée est le bleu. / – Moi, c'est le vert.

– J'ai un chien et deux chats. / – Ah, c'est bien. Moi je n'ai pas d'animaux.

– Je n'ai pas d'animaux. / – Ah, moi j'ai un chien.

– J'aime aller au cinéma avec mes amis. / – Moi aussi.

– L'été, je vais en vacances à la mer. / – D'accord. Où est-ce que vous allez ?

– Je ne prends pas le métro. / – Moi non plus.

Activité 24, p. 88, PISTE 68

1. Quel âge avez-vous ?
2. Quelle est la date de votre anniversaire ?
3. Est-ce que vous faites du vélo ?
4. Combien d'enfants est-ce que vous avez ?
5. Quand partez-vous en vacances ?
6. Où est-ce que vous allez en vacances ?
7. Le samedi, vous faites quoi ?

Activité 25, p. 89, PISTE 69

1. Quel âge avez-vous ?
2. Quelle est la date de votre anniversaire ?
3. La date de mon anniversaire est le 13 mai.
4. La date de mon anniversaire ? C'est le 13 mai.
5. Est-ce que vous aimez la télévision ?
6. Vous aimez la télévision.
7. Combien de frères avez-vous ?
8. Vous avez deux frères. Moi, j'ai un frère.
9. Le samedi, vous faites quoi ?
10. Le samedi, vous allez au parc. Avec qui ?
11. J'aime les chats. Pourquoi ? Je ne sais pas.

Activité 26, p. 89, PISTE 70

– L'exercice 2 est un échange d'informations. Vous me posez des questions pour me connaître. Utilisez les mots pour poser vos questions.
– Quelle est votre nationalité ?
– Je suis française. Et vous ?
– Moi, je suis syrien. Combien de langues est-ce que vous parlez ?
– Je parle français, anglais et un peu italien.
– Oh, d'accord. Moi aussi je parle anglais, un peu français mais pas italien. Je parle espagnol. À quelle heure vous vous levez ?
– Je me lève à 6 h 30 tous les jours.
– C'est tôt !
– Oui, c'est vrai. Je travaille tôt.
– Est-ce que vous avez un appartement ou une maison ?
– J'ai une maison.
– Moi, j'habite dans un appartement. Et comment est-ce que vous venez à l'école ?
– Je viens en métro, c'est rapide !
– Oh, moi aussi !
– Merci. L'exercice 2 est terminé. Nous passons maintenant à l'exercice 3.

Activité 31, p. 91, PISTE 71

1. Combien coûte ce magazine ?
2. Est-ce que je peux avoir la carte s'il vous plaît ?
3. Est-ce que vous avez des pulls bleus ?
4. Est-ce que je peux payer en espèces ?
5. Quelle est la taille de cette jupe ?

Activité 35, p. 93, PISTE 72

1. Le manteau coûte 115 €.
2. Alors, 1 kilo de fraises, 2,50 €, 2 kilos de pommes, 3,20 € et 1 litre de jus d'orange, 2 €, ça fait 7,70 € s'il vous plaît.
3. Le menu du jour coûte 24 €. Le plat principal seul coûte 16 €. Avec le dessert, c'est 21 €.
4. Il y a un départ pour Paris dans 30 minutes. Le billet coûte 68 €. Ensuite, le prochain départ est à 11 h 58. C'est le même prix.

Activité 36, p. 93, PISTE 73

1. Bonjour Monsieur. Je voudrais une boîte de chocolats. C'est pour un anniversaire.
2. Quel est le prix d'une enveloppe s'il vous plaît ?
3. Le menu est à 13 €, c'est ça ?
4. Est-ce que vous avez un animal noir et blanc ?
5. Je cherche des chaussures pour jouer au tennis avec mes amis.

Activité 37, p. 93, PISTE 74

– L'exercice 3 est un dialogue simulé. Nous sommes dans une épicerie. Vous voulez acheter des produits. Vous êtes le client et je suis la vendeuse. Nous commençons.
– Bonjour Madame.
– Bonjour Monsieur.
– Je voudrais acheter du sucre et des tomates s'il vous plaît.
– Oui, combien de kilos de sucre ?
– 2 kilos de sucre s'il vous plaît.
– D'accord et combien de tomates ?
– 1 kilo de tomates s'il vous plaît. Quel est le prix du kilo de tomates ?
– 1,30 €.
– Merci. Et combien coûte le sucre ?
– Le sucre ? C'est 3 € pour les 2 kilos.
– Merci.
– Est-ce que vous voulez autre chose Monsieur ?
– Oui, je voudrais aussi du pain s'il vous plaît. Est-ce que vous avez des baguettes ?
– Oui, combien de baguettes est-ce que vous voulez ?
– Seulement 1 baguette. Quel est le prix ?
– La baguette coûte 70 centimes.
– Merci. Quel est le prix total pour le sucre, les tomates et la baguette s'il vous plaît ?
– Alors, le prix total est de 5 €. Comment est-ce que vous payez Monsieur ?
– Je paye en espèces. Et voilà 5 €.
– Merci Monsieur. Et voilà vos produits.
– Merci beaucoup. Au revoir Madame et bonne journée.
– Au revoir Monsieur. Merci Youssef. L'épreuve est terminée.

Exercice 1, p. 102, PISTE 75

Allô ? C'est Catherine. Je suis encore à mon bureau. Est-ce que tu peux aller à l'école à 16 h 45 pour prendre Margot ? Après, passe à la boulangerie pour acheter du pain. Pour le repas de ce soir, je vais préparer de la soupe. Merci. À tout à l'heure.

Exercice 2, p. 102, PISTE 76

Ce soir, au théâtre de la ville, retrouvez la première de l'opéra Mozart. L'opéra est présent dans notre ville seulement samedi et dimanche. Pour réserver vos places, téléphonez au 03.20.14.78.81. Le prix des places commence à 10 €. Alors téléphonez vite !

Exercice 3, p. 103, PISTE 77

Bonjour, c'est Monsieur Garcia, le directeur du restaurant Au colibri. Je voudrais vous inviter à un entretien pour le poste de serveur. Si vous êtes intéressé, merci de me répondre avant le 18 juin. Il faut m'envoyer votre CV par courrier postal au restaurant. L'adresse est 1036, rue Baudelaire. Merci.

Exercice 4, p. 103, PISTE 78

1. – Monsieur, est-ce que vous pouvez répéter la conjugaison du verbe être ?
– Oui, bien sûr. Pose ton stylo sur la table et répète avec moi.
2. – Je n'aime pas le restaurant de l'université.
– Où est-ce que tu manges alors ?
– Je préfère me préparer mes repas.
3. – Papa, est-ce que tu peux m'aider avec mes devoirs ?
– D'accord. Qu'est-ce que tu fais ?
– Ce sont des exercices de mathématiques.
4. – Éric, où vas-tu ?
– Je vais à la bibliothèque. Je dois emprunter des livres.
5. – Qui est la femme avec tous les livres là-bas ?
– C'est Madame Vega, la nouvelle professeur de français.

Exercice 1, p. 108, PISTE 79

Le train TGV numéro 8756 à destination de Lorient partira à 9 h 06, quai 7.

Exercice 2, p. 108, PISTE 80

Bonjour, c'est Marie ! On peut se donner rendez-vous cet après-midi à 15 h 30 à Paris, au 3 quai de l'Horloge. On peut se retrouver devant la tour. Si tu ne peux pas venir, appelle-moi au 06.23.46.18.53. Ah oui, pense à apporter ton parapluie, il va pleuvoir ! À plus, bises.

Exercice 3, p. 109, PISTE 81

Bonjour, c'est Madame Leroy, de l'Agence pour l'emploi. Une entreprise de services cherche un commercial. Allez sur notre site Internet pour répondre à l'offre d'emploi référence A749 avant mercredi 2 juin. N'oubliez pas de m'envoyer une photocopie de votre dernier diplôme pour votre dossier. Merci beaucoup, au revoir.

Exercice 4, p. 109, PISTE 82

1. – Bonjour ! 3 places, s'il vous plaît.
– Pour quel film ?
– Le film « Retour chez ma mère. »
2. – Je ne sais plus où j'ai mis mes clés.
– Elles sont là, sur la table du salon.
– Ouf ! Je suis très en retard.
3. – Pour aller à la piscine, je prends quel bus ?
– C'est le numéro 123. Vous pouvez le prendre place de la Victoire, il s'arrête juste en face de la piscine.
– Merci !
4. – Tu peux me donner le numéro d'Assma ?
– Oui, bien sûr, le voilà... c'est le 06.23.95.18.53.
– Merci, je l'appelle tout de suite.
5. – Bonjour, j'ai rendez-vous avec Monsieur Richard, le professeur de français de ma fille.
– Oui, il est dans la classe au 1er étage à gauche, salle 25.

CORRIGÉS

Activité 1, p. 12

1 : Virginie.
2 : Anne.
3 : Vincent.

Activité 2, p. 12

1 : Adrien.
2 : Isabelle.
3 : Pierre.

Activité 3, p. 12

1 : Au musée.
2 : D'acheter les billets.
3 : D'apporter un gâteau.

Activité 4, p. 12

1 : Je dois apporter un jus de fruits. / Martine doit apporter une salade.
2 : Je peux aller au concert avec Sophie. / Jean-Luc va au concert avec Brigitte.
3 : J'ai rendez-vous avec Marc jeudi. / Marc a rendez-vous avec Alberto mercredi.

Activité 5, p. 13

1 : 2. – 2 : 16. – 3 : 10.

Activité 6, p. 13

1 : 2,5 kg.
2 : 21 paires de chaussures.
3 : 75 %.

Activité 7, p. 13

Vincent : 28 / 08 / 1978
Audrey : 01 / 03 / 1982
Alexandra : 30 / 05 / 1982

Activité 8, p. 13

Sylvain : 06.41.12.71.39 – Robert : 03.21.96.55.41 – Carole : 04.83.72.11.29

Activité 9, p. 13

1 : 01.47.72.33.09 – 2 : 03.20.90.01.00 – 3 : 06.09.77.50.11

Activité 10, p. 13

A. Jean et Julien. – B. Pauline. – C. Julie.

Activité 11, p. 14

1 : Du vélo. – 2 : Un pantalon. – 3 : Les fruits.

Activité 12, p. 14

1 → Ville.
2 → Campagne.
3 → Mer.

Activité 13, p. 14

1 : Chez Sébastien.
2 : Devant le marché.
3 : À l'entrée du magasin Dupont.

Activité 14, p. 14

A. 3 – B. 1 – C. 4 – D. 2

Activité 15, p. 15

1 : 18 degrés.
2 : 4 degrés.
3 : 23 degrés.

Activité 16, p. 15

1 → Invitation.
2 → Recommandation.
3 → Information.

Activité 17, p. 15

1 : Devant la mairie.
2 : À l'école.
3 : Des pommes et des bananes.

Activité 18, p. 15

1 : Vendredi 22 avril.
2 : Sur le site internet du cinéma.
3 : Des colis.

Activité 19, p. 15

1 : Au restaurant.
2 : Chez Amélie.
3 : Au supermarché.

Activité 20, p. 15

1 : À l'aéroport.
2 : À la gare.
3 : À la gare.

Activité 21, p. 16

1 → Exclamation.
2 → Interrogation.
3 → Affirmation. –
4 → Interrogation.
5 → Affirmation.
6 → Exclamation.

Activité 22, p. 16

Content(e) → 2
Triste → 3
Fatigué(e) → 5
En colère → 4
Malade → 1

Activité 23, p. 16

1 : 30 minutes.
2 : Les jouets pour les garçons.
3 : À l'entrée du magasin.

Activité 24, p. 16

1. Les livres.
2. À 10 h.
3. 15 %.
4. Les légumes.

Activité 25, p. 16

1 : AF793.
2 : D'heure de départ du train.
3 : Rennes.

Activité 26, p. 17

1 : Secrétaire.
2 : Professeur.
3 : Serveur.

Activité 27, p. 17

1 : Pompier. – 2 : Professeur de français. –
3 : Vendeur.

Activité 28, p. 17

1 : Une photocopie de ma carte d'identité.
2 : Une lettre de motivation.
3 : Le programme du concert.

Activité 29, p. 17

1 : Avant jeudi.
2 : Le 16 mai.
3 : Vendredi.

Activité 30, p. 18

A. 3. – B. 5. – C. 2. – D. 1. – E. 4.

Activité 31, p. 18

1 : 15 h 40.
2 : 9 h 45.
3 : 17 h 30.

Activité 32, p. 18

Images A, B et C.

Activité 33, p. 18

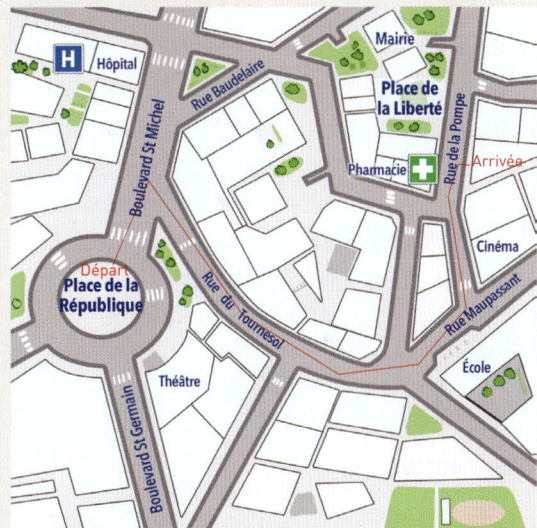

Activité 34, p. 19

1 : Votre collègue.
2 : Votre directeur.
3 : Votre collègue.

Activité 35, p. 19

1 → S'excuser.
2 → Vous souhaiter de bonnes vacances.
3 → Vous féliciter.

Activité 36, p. 19

1 : Aller sur le site internet.
2 : Téléphoner à M. Olivier.
3 : Des stylos et des feuilles.

Activité 37, p. 19

1 : 18 ans. – 2 : 33 ans. – 3 : 61 ans.

Activité 38, p. 19

David est né le 13/02/1990. Il a 26 ans.
Margot est née le 05/07/1988. Elle a 28 ans.
Emma est née le 18/03/1999. Elle a 17 ans.
Victor est né le 21/10/2002. Il a 14 ans.

Activité 39, p. 20

A. 2. – B. 3. – C. 4. – D. 1.

Activité 40, p. 20

Photo n° 1 : 1 → Arnaud – 2 → André – 3 → Philippe – 4 → Béatrice – 5 → Monique
Photo n° 2 : 1 → Jean-Luc – 2 → Jacques – 3 → Sonia – 4 → Clara – 5 → Mathilde

Activité 41, p. 20

1 : Des lunettes.
2 : Un parapluie.
3 : Un chapeau.

Activité 42, p. 20

1 → Isabelle – 2 → Marie – 3 → Julien –
4 → Alexandre – 5 → Alexis – 6 → Lucie –
7 → Chantal

Activité 43, p. 21

1 : Vouvoiement.
2 : Tutoiement.
3 : Vouvoiement.
4 : Tutoiement.

Activité 44, p. 21

1 : Marion et Valentine se connaissent.
2 : Olivia et Anne-Marie ne se connaissent pas.
3 : Monsieur Lemaître et le directeur se connaissent.

Activité 45, p. 21

1 : La maman de Julie.
2 : La maman de Lola.
3 : Une copine de classe de Gauthier.

Activité 46, p. 21

1 : Dans la salle du cours de français.
2 : À la bibliothèque.
3 : À la sortie de l'école.

Activité 47, p. 22

A. 3. – B. 5. – C. Ne correspond à aucune situation.
D. 4. – E. 1. – F. 2.

Activité 48, p. 22

A. Ne correspond à aucune situation.
B. 1. – C. 3. – D. 5. – E. 4. – F. 2.

Exercice 2, p. 23

1. Louis.
2. Le gâteau.
3. 14 h 00.
4. En voiture.

Exercice 3, p. 24

1. Cet après-midi.
2. 13 h 30.
3. Image C.
4. Une glace.

Exercice 5, p. 25

1. Sur la place de la mairie.
2. Italiens.
3. 01.46.79.02.84.
4. De la pluie.

Exercice 6, p. 25

1. TGV 8570.
2. 15 minutes.
3. Image C.
4. Mon nom.

Exercice 8, p. 27

1. Demain.
2. 06.61.07.95.30.
3. 45 minutes.
4. Réserver le restaurant.

Exercice 9, p. 27

1. Vendeur.
2. Bureau 212.
3. Une lettre de motivation.
4. 16 h 00.

Exercice 11, p. 28

A. 2. – **B.** 4. –
C. Ne correspond à aucune situation.
D. 3. – **E.** 1. – **F.** 5.

Exercice 12, p. 29

A. 1. – **B.** 5. – **C.** 3. – **D.** 2. – **E.** 4.
F. Ne correspond à aucune situation.

Compréhension des écrits

Activité 1, p. 36

1. Juliette.
2. Vous recevez des amis.
3. Des desserts.
4. Image A.
5. À 15 h 30.

Activité 2, p. 36

1. Les voyageurs.
2. Image B.
3. Dans les chambres.
4. Passer à la réception avant 10 h 30.
5. Image B.

Activité 3, p. 37

1. Une carte postale.
2. À Quimper. / En Bretagne.
3. Image B.
4. Dimanche.
5. Appeler.

Activité 4, p. 38

1. Un mariage.
2. Laurine et Antoine.
3. Le 30 juillet.
4. Dans 2 lieux différents.
5. À 22 h 30.

Activité 5, p. 39

1. Des cours.
2. Au 55, rue Auguste Comte.
3. Image A.
4. Au 24, rue Albert Thomas.
5. L'après-midi.

Activité 6, p. 40

1. Image B.
2. Près du bureau des admissions.
3. Par la rue d'Arcole.
4. Par le quai de la Corse.
5. Samedi.

Activité 7, p. 40

1. Il y a un autre bureau de poste.
2. En août.
3. Au 27, rue des Renaudes.
4. De marcher.
5.

Activité 8, p. 41

1. Une invitation.
2. À 14 h 30.
3. Image B
4. Le commissariat.
5.

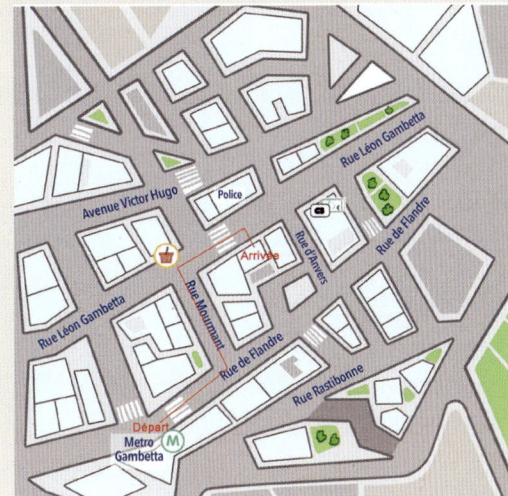

Activité 9, p. 42

1. Mercredi.
2. À 14 h.
3. Mme Maillard.
4. À seize heures.
5. Image C.

Activité 10, p. 43

1. Image A.
2. Mercredi.
3. Jeudi à 14 h 15. / Jeudi après-midi.
4. Mardi → C. – Jeudi → B. – Vendredi → A.
5. À l'extérieur. / Au 34, rue Guillaume Apollinaire.

Activité 11, p. 44

1. Les vendeurs.
2. Le mardi 1er novembre.
3. Mme Monnier.
4. Ma fiche de paie.
5. En août.

Activité 12, p. 45

1. Votre directeur.
2. Image A.
3. En mai.
4. Je présente mon étude / travail.
5. Image A.

Activité 13, p. 46

1. Mme Dupont.
2. B.
3. 06.54.67.32.65.
4. Le 2 pièces.
5. M Fontaine.

Activité 14, p. 47

1. Les étudiants étrangers.
2. Langue.
3. Le 1er juillet.
4. À blanc@univ.fr.
5. Dans le bâtiment C.

Activité 15, p. 47

1. Des moments de conversation.
2. Le 3e mardi du mois.
3. Au 5, rue Antoine Lavoisier.
4. En métro.
5. On mange.

Activité 16, p. 48

1. La professeur.
2. Dans une école.
3. Avoir des informations.
4. Prendre le cahier rouge et lire les messages.
5. Le lundi.

Exercice 2, p. 50

1. À un anniversaire.
2. Marcher à la campagne.
3. Dimanche.
4. Au 18, rue Jean Moulin.
5. Image A.

Exercice 3, p. 50

1. Prendre les visas à l'ambassade.
2. Envoyer un colis.
3. À dix-neuf heures.
4. Acheter les billets d'avion. Réserver l'hôtel.
5. Boulevard Paul Cézanne.

Exercice 5, p. 52

1. Venir au rendez-vous.
2. 0 € (c'est gratuit).
3. Place de la Libération devant la mairie.
4. À 11 h.
5.

Exercice 6, p. 53

1. Le vendredi.
2. Complète.
3. De la viande.
4. À pied.

5.

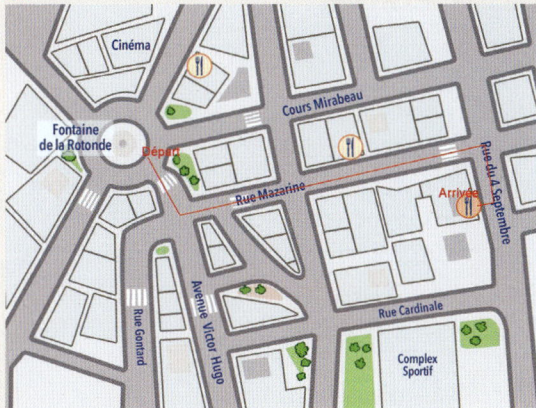

Exercice 8, p. 55

1. Votre chef.
2. Le temps de travail.
3. À 19 h 00.
4. Image B.
5. Un mail.

Exercice 9, p. 56

1. M. Duhamel.
2. Le 12 octobre.
3. M. Humbert.
4. Le 23 novembre à 14 h.
5. Image C.

Exercice 11, p. 58

1. Des informations utiles.
2. Répondre à des courriels.
3. Image B.
4. 3 livres.
5. Image B.

Exercice 12, p. 59

1. À pasquier@univ.fr.
2. tessier@univ.fr.
3. Avant le 5 janvier.
4. À la bibliothèque.
5. Un diplôme de l'université.

Production écrite

Activité 1, p. 66

NOM : DELAYEN (en majuscules en France)
Prénom : Évelyne – Date de naissance : 14/03/196
E-mail : evelyne.delayen@wana.fr
Adresse : 21 rue de la saussière

Code postal : 44 000 – Ville : Nantes
Pays : France
Téléphone : 02.40.41.93.36. (10 numéros)

Activité 2, p. 66

NOM : LOPEZ – Prénom : Esteban
Adresse : 15 avenue de la liberté
Code postal : 59 000 – Ville : Lille
Téléphone : 07.86.54.79.02.
Adresse électronique : elopez@gmai.fr
Âge : 27 ans

Activité 3, p. 66

Nom : MONLOUBOU – Prénom : Alain – Adresse complète : 10 rue Marcel Pagnol, 84120
Pays : France – Téléphone : 04 91 48 47 25 (les numéros de téléphone commencent pas 01 – 02 – 03 – 04 – 05 et 06 OU 07 pour les portables.)
E-mail : a.monloubou@courriel.fr – Article : 2 shampoings, 1 pantalon – Quantité : 3 – Prix : 2 shampoings à 20 euros ; un pantalon : 60 euros – PRIX TOTAL : 100 euros

Activité 4, p. 67

NOM : DUROC – Prénom : Antoine – Âge de l'élève : 12 ans – Niveau : débutant – Instrument de musique : piano – Horaires : mercredi soir, 19 heures

Activité 5, p. 67

Coordonnées (informations pour contacter une personne : Nom, Prénom, adresse postale, numéro de téléphone, adresse électronique) : Blanchard, Rémi, 25, rue Rodier, Paris 9e. 06.45.87.66.12 – Âge : 33 ans – Sexe : masculin – Nationalité : française – Profession : entraîneur international de golf – Sport pratiqué : course à pied – Fréquence : 2 heures par jour – Loisirs préférés : sport, cinéma et lecture.

Activité 6, p. 68

1. Vous – 2. Des amis français – 3. En été. 4. Dans les Alpes en France – 5. Écrire une carte postale – 6. Décrire ses activités et la météo. – 7. comment ?
Proposition
Chers amis, (à qui)
Je suis en vacances dans les Alpes (où). Il fait un temps magnifique (météo). L'été (quand), les fleurs sont très belles (décrire). Je fais de grandes

randonnées (activités). Je reste ici dix jours. Vous pouvez me rejoindre pour le week-end ?
Je vous embrasse. Répondez-moi vite.
Doriane. (qui)

Activité 7, p. 68

1. C. – 2. A – 3. B.

Activité 8, p. 69

Proposition
Montréal, le 12 juillet 2016.
Salut !
Comment ça va ? (prendre des nouvelles) Moi, je vais très bien. Je suis à Montréal. C'est l'été, il fait très chaud ! Je me promène dans le Vieux-Montréal. C'est magnifique et romantique ! (lieu, description d'activités)
On se voit dans une semaine ? Téléphone-moi. Je t'embrasse (prise de congé familière)

Activité 9, p. 69

Proposition
Vendredi 9 : Génial, je vais au cinéma avec ma meilleure amie ! – Samedi 10 : Je pars en week-end en Bretagne et je fais du bateau avec ma famille. – Dimanche 11 : Super, je vais à la plage et je mange des huîtres.

Activité 10, p. 69

Proposition
Bonjour,
Je m'appelle Seamus Mc Cracken, je suis irlandais. J'habite à Dublin. J'ai 25 ans et je suis étudiant en médecine. J'adore le surf et les jeux vidéo. Et vous ? Qu'est-ce que vous aimez faire ? Vous aimez le sport ?
À bientôt, Seamus → Les mots de la consigne à retenir : présentez- habitez – faites – questions

Activité 11, p. 70

Proposition
Je suis Yuki Nonoshita. Je suis japonaise et j'ai 23 ans. Je suis étudiante. J'ai deux petites sœurs. J'étudie le français. Mon activité préférée est le tango. Je danse trois fois par semaine dans une école de tango à Paris. → Les mots de la consigne à retenir : présentation – famille – loisirs

Activité 12, p. 70

Proposition
Chers amis,
J'ai le plaisir de vous annoncer ma promotion de directeur général à Londres. (raison) Je vous invite à faire la fête au café Le Repère au 18, boulevard Haussmann le vendredi 11 septembre à 19 h (lieu, date, adresse). Merci de confirmer par mail avant lundi 7 septembre. (demande de confirmation)
Bien à vous, Gwénaëlle

Activité 13, p. 70

Proposition
Chers Mia et Luc,
C'est avec plaisir que j'accepte votre invitation dans votre maison de vacances (accepter). J'arrive le jeudi 12 août à la gare de Nice à 13 h 06 (détails). Je reste 5 jours (durée). Merci encore pour votre invitation ! Bises (formule de politesse)
Edwige

Activité 14, p. 71

Proposition
M. et Mme Monsaingeon ont le bonheur de vous annoncer le mariage de Chloé et Loïc samedi 25 septembre 2016 à la mairie de Manosque à 14 heures. Un cocktail suivra la cérémonie à la salle des fêtes de Manosque. Réponse souhaité avant le 18 août à monsaingeon@courriel.fr ou au 04.92.54.86.53. → Les mots de la consigne à retenir : invitation – mariage – date – lieu – coordonnées – confirmation.

Activité 15, p. 71

Proposition
Bonjour Michel,
Félicitations pour ton départ aux États-Unis !
Merci pour ton invitation. C'est gentil mais je ne peux pas accepter ton invitation. Je suis désolée, ce n'est pas possible : c'est l'anniversaire de ma mère. C'est dommage.
Amicalement, Yves → Les mots de la consigne à retenir : collègue – invite – refusez- expliquez.
Adaptez la formule de politesse pour un collègue.

Exercice 2, p. 72

Proposition

Madame DURROUSSEAU Ghislaine, 08/04/1948 – gdurrous@courriel.fr – 21 rue du Mont Berny – 64000 – Pau- France – 05.59.87.24.72 – Toulouse

Exercice 3, p. 73

Proposition

Date d'arrivée : 04/08/2016 – Date de départ : 06/08/2016 – 2 adultes – 3 enfants – 1 chambre double – 3 chambres simples – petit-déjeuner – M. GOUPIL Christian – 06 74 36 98 21 – goupil@courriel.fr

Exercice 5, p. 74

Proposition

Mon cher ami,

Pour ton anniversaire, je t'invite à faire un saut à l'élastique. Je te propose de faire le grand plongeon au Viaduc de la Souleuvre près de Caen en Normandie le 12 octobre à 9 heures. Appelle-moi pour confirmer et apporte ta caméra pour filmer !
Gros bisous
→ Les mots de la consigne à retenir : proposer – anniversaire – date – lieu – saut – appeler – caméra.

Exercice 6, p. 75

Proposition

Chère voisine,

Je rentre mercredi prochain. Pouvez-vous arroser les plantes s'il vous plaît et prendre le courrier dans la boîte aux lettres ? Ne pas oublier les tomates sur le balcon ! Je vous remercie beaucoup.
Cordialement, Votre voisin.
→ Les mots de la consigne à retenir : message – voisine – 3 instructions – remerciez. Ici, on peut vouvoyer ou tutoyer la personne.

Exercice 7, p. 75

Proposition

Damien,

Merci pour ta proposition. Malheureusement, je travaille dimanche prochain. Je ne suis pas disponible et je peux pas faire une randonnée avec toi. C'est dommage ! Une prochaine fois ?
À bientôt, Charles → Les mots de la consigne à retenir : proposer – randonnée – expliquez – refusez/acceptez. Ici, on peut vouvoyer ou tutoyer la personne.

Exercice 8, p. 75

Proposition

Salut Alice,

Comment ça va ? Moi, je vais très bien. J'ai déménagé à Genève et ma nouvelle vie est fantastique. C'est une très belle ville avec la nature à côté. La qualité de vie est extraordinaire. Je rencontre des gens sympas et je ne m'ennuie pas.
Une bise, Lucie → Les mots de la consigne à retenir : déménagé – raconter – nouvelle vie – expliquez – refusez/acceptez.

Production orale

Activité 1, p. 82

« Bonjour. Je m'appelle Luc. Je suis belge. Je suis avocat. J'ai 24 ans. »
Il a un chien. / **Elle** est blonde. / **Son** père s'appelle David. : ces phrases présentent une autre personne. J'ai un **livre**. / La **maison** est blanche. : ces phrases ne présentent pas Luc.

Activité 2, p. 82

Je m'appelle Fatima. J'ai 34 ans. Ma mère s'appelle Samia. J'ai un chien. Je suis espagnole.

Activité 3, p. 82

1. Il s'appelle Igor Bogrov. Il est russe. Il a 46 ans. Il est né le 25 mai 1970. Il habite à Moscou, en Russie. Il est grand. Il a des lunettes. Ses cheveux sont blonds.
2. Elle s'appelle Ling Wang. Elle est chinoise. Elle a 39 ans. Elle est née le 1er juillet 1977. Elle habite à Shanghai, en Chine. Elle est brune.
3. Il s'appelle Victor Campos. Il est mexicain. Il a 15 ans. Il est né le 9 février 2001. Il habite à Acapulco, au Mexique. Ses cheveux sont noirs.

Activité 4, p. 82

« Je m'appelle Steve. Je suis né le 13 janvier 1989. Ma sœur s'appelle Kelly. Elle est née le 23 septembre 1991. Mon père s'appelle Michael et il est né le 28 mai 1960. Ma mère s'appelle Sonia. Elle est née le 14 avril 1964. »

Activité 5, p. 83

A. Je joue de la guitare. / J'aime la guitare. / J'ai des cours de guitare.
B. Je joue au tennis. / Je fais du tennis.
C. Je vais au parc. / Je me promène dans le parc.
D. Je vais à la bibliothèque. / Je prends des livres à la bibliothèque.

Activité 6, p. 83

1. Le samedi, je fais…. / je joue…. / je vais….
2. Je fais…. / Je joue…. / Je vais….
3. Je joue au tennis, football, basketball…. / Je fais de la natation, de l'équitation….

Activité 7, p. 83

1. Le matin, je me lève à 7 h 30.
2. À la télévision, je regarde des films d'action.
3. Le midi, je mange de la viande.
4. Au parc, j'aime les jeux.
5. Le dimanche, je vois mes parents.

Activité 8, p. 84

« Le matin, je joue du piano. Après, je vais à la piscine. / je fais de la natation. Je rentre chez moi à 18 h 00. Je mange un gâteau au chocolat. / je mange un peu de gâteau au chocolat. Je me couche à 22 h 30. / Je dors à 22 h 30. »

Activité 9, p. 84

1. J'ai 20 ans. – 2. J'habite à Washington.
3. Je vais au cinéma. – 4. Je fais du tennis.

Activité 10, p. 84

1. J'ai (un) frère et (deux) sœurs. Ils s'appellent (X), (Y) et (Z). / Oui, j'ai (deux) frères. Ils s'appellent (X) et (Y). / Non, je n'ai pas de frères et sœurs.
2. Je suis (nationalité).
3. Je suis né(e) le (23 janvier 1975). / Ma date de naissance est le (18 septembre 1992).
4. Le samedi et le dimanche, je vais au / à la…. / je fais…. / Le samedi, je…. et le dimanche je….. .

Activité 11, p. 85

2. J'ai un frère et deux sœurs.
3. Je me lève à sept heures et je vais à l'université à huit heures.
4. Je fais de l'équitation.
5. J'habite à Madrid, en Espagne.

6. Mon père s'appelle Thomas et ma mère s'appelle Angelina.
7. Mon père a quarante et un ans et ma mère a trente-huit ans.

Activité 12, p. 85

Question n° 1 : J'ai 50 ans.
Question n° 2 : J'ai des oiseaux.
Question n° 3 : Ma mère s'appelle Louise et mon père, lui, s'appelle André.
Question n° 4 : Je fais du vélo le samedi et après, je vais au cinéma avec mes amis.
Question n° 5 : Je suis chirurgien.

Activité 13, p. 85

– Bonjour.
– Bonjour.
– Bienvenue à votre épreuve de production orale du DELF A1. Le premier exercice est un entretien dirigé. Je vous pose des **questions** pour vous connaître. Ça va ? Est-ce que nous pouvons **commencer** ?
– Oui, ça va.
– **Comment** est-ce que vous vous appelez ?
– Je m'appelle Youssef.
– Est-ce que vous pouvez **épeler** votre **prénom** s'il vous plaît ?
– Y–O–U–S–S–E–F.
– Et quel **âge avez-vous** ?
– 26 ans. J'ai 26 ans.
– Merci. Combien de **frères** et **sœurs** avez-vous ?
– J'ai un **frère** et deux **sœurs**.
– Comment s'appellent-ils ?
– Mon **frère** s'appelle Ahmed et mes **sœurs** s'appellent Liliane et Sara.
– Est-ce que vous faites un **sport** ?
– Oui.
– Quel **sport** est-ce que vous faites ?
– Je fais du basketball et du karaté.
– D'accord. Et vous faites ces **sports** quels **jours** ?
– Le basketball, c'est le **mercredi** et le **samedi**. Je fais du karaté le **mardi** et le **jeudi**.
– Merci Youssef. L'exercice 1 est terminé. Nous passons **maintenant** à l'exercice 2.

Activité 14, p. 86

Vie privée : âge / enfants / nationalité / adresse.
Vie professionnelle : métier / diplôme / secrétaire / réunion.
Loisirs : parc / cinéma / piano / rugby.

Activité 15, p. 86

Le sport :
– Types de sport : football, basketball, rugby, équitation, vélo.
– Verbes : jouer, gagner, perdre, faire.
– Lieux : stade, piscine.
– Personnes : sportif, spectateur.
– Autres : inscription, jours, horaires.
Les transports :
– Moyens de transport : voiture, bus, vélo, taxi, métro, moto, train, avion, bateau, tramway.
– Verbes : voyager, partir, arriver, attendre, réserver, visiter.
– Lieux : gare, aéroport, station, quai, voie, rue, route.
– Personnes : voyageur, chauffeur.
– Autres : tourisme, voyage, vol, départ, arrivée, retard, billet, ticket, réservation, bagage, valise.
Les études :
– Matières : cours, langues vivantes, français, anglais, mathématiques, histoire, géographie, chimie, physique.
– Verbes : étudier, apprendre, lire, écrire, compter, comprendre.
– Lieux : école, université, classe, salle.
– Personnes : étudiant, élève, professeur.
– Autres : exercice, inscription, devoirs, leçon, note, diplôme.

Activité 16, p. 87

Téléphone → Numéro
Acteur → Cinéma
Chanter → Musique
Maison → Chambre
Bureau → Ordinateur
Père → Famille
Magasin → Acheter

Activité 17, p. 87

Hiver : mois / météo / neige
Déjeuner : plat / restaurant / manger
Métro : transport / ticket / voyager

Internet : ordinateur / lire / informations
Théâtre : spectacle / billet / loisir
Situation de famille : célibataire / marié / enfants

Activité 18, p. 87

Nom → Comment ?
Adresse → Où ?
Nombre → Combien ?
Personne → Qui ?
Date → Quand ?

Activité 19, p. 87

1. **Où** habitez-vous ?
2. **Comment** s'appelle votre femme ?
3. **Quand** allez-vous au cinéma ?
4. **Comment** est-ce que vous allez à votre bureau ?
5. **Combien** avez-vous de frères et de sœurs ?
6. **Quelle** est votre profession ?
7. Vous lisez **quoi** ?
8. **Quelle** est votre nationalité ?
9. **Quel** est votre film préféré ?
10. **Qu'**est-ce que vous faites le dimanche ?

Activité 20 p. 87

1. À quelle heure est-ce que vous mangez le soir ?
2. Quelles langues est-ce que vous parlez ?
3. Quelle est votre couleur préférée ?
4. Le samedi vous faites quoi ?
5. Comment est-ce que vous allez à l'école ?

Activité 21, p. 88

1. Combien d'animaux avez-vous ? / Est-ce que vous avez un chien ? / Quel est votre animal préféré ?
2. Combien d'amis avez-vous ? / Comment s'appelle votre meilleur ami ? / Qui est votre meilleur ami ? / Qu'est-ce que vous faites avec vos amis ?
3. Est-ce que vous aimez la plage ? / Où allez-vous en vacances ? / Quelle est votre plage préférée ?
4. Quel instrument est-ce que vous jouez ? / Quel type de musique écoutez-vous ? / Est-ce que vous écoutez la radio ?
5. Est-ce que vous avez un stylo bleu ? / Combien de stylos avez-vous ? / Où est votre stylo ? / Comment est-ce que vous écrivez ?

Activité 22, p. 88

1. Ma couleur préférée est le bleu. → Moi, c'est le vert.
2. J'ai un chien et deux chats. → Ah, c'est bien. Moi je n'ai pas d'animaux.
3. Je n'ai pas d'animaux. → Ah, moi j'ai un chien.
4. J'aime aller au cinéma avec mes amis. → Moi aussi.
5. L'été, je vais en vacances à la mer. → D'accord. Où est-ce que vous allez ?
6. Je ne prends pas le métro. → Moi non plus.

Activité 23, p. 88

1. Moi non plus. / Moi, j'aime le jus d'orange. / Moi, je préfère l'eau.
2. D'accord, merci.
3. Moi aussi. / Moi, je n'aime pas.
4. Et moi, je parle anglais et un peu français.
5. Ah bon ? C'est beaucoup ! / Et qu'est-ce que vous achetez ?

Activité 25, p. 89

2. Quelle est la date de votre anniversaire ? ↗
3. La date de mon anniversaire est le 13 mai. ↘
4. La date de mon anniversaire ? ↗
C'est le 13 mai. ↘
5. Est-ce que vous aimez la télévision ? ↗
6. Vous aimez la télévision. ↘
7. Combien de frères avez-vous ? ↗
8. Vous avez deux frères. ↘ Moi, j'ai un frère. ↘
9. Le samedi, ↘ vous faites quoi ? ↗
10. Le samedi, ↘ vous allez au parc. ↘
Avec qui ? ↗
11. J'aime les chats. ↘ Pourquoi ? ↗
Je ne sais pas. ↘

Activité 26, p. 89

– L'exercice 2 est un échange d'informations. Vous me posez des **questions** pour me connaître. Utilisez les mots pour poser vos **questions**.
– **Quelle** est votre **nationalité** ?
– Je suis française. Et **vous** ?
– Moi, je suis **syrien**. **Combien de langues** est-ce que vous parlez ?
– Je parle **français**, **anglais** et **un peu italien**.
– Oh, d'accord. Moi aussi je parle **anglais**, **un peu français** mais **pas italien**. Je parle **espagnol**. À **quelle heure** vous vous levez ?

– Je me lève à 6 h 30 tous les jours.
– C'est **tôt** !
– Oui, c'est vrai. Je travaille **tôt**.
– **Est-ce que** vous avez un appartement ou une maison ?
– J'ai une maison.
– Moi, j'habite dans un appartement. Et **comment** est-ce que vous venez à l'école ?
– Je viens en **métro**, c'est rapide !
– Oh, **moi aussi** !
– Merci. L'exercice 2 est terminé. Nous passons maintenant à l'exercice 3.

Activité 27, p. 90

Saluer : Bonjour Madame / Salut / Bonsoir + Bienvenue
Prendre congé : Bonne journée / Au revoir / Salut / À bientôt / + À demain / À plus tard / À la semaine prochaine

Activité 28, p. 90

Dialogue n° 1 : – **Salut** ! Ça va ?
– Ça va bien et toi ?
– Je vais bien. On va au cinéma ce soir ?
– D'accord.
– Super ! **À ce soir. / À tout à l'heure.**
Dialogue n° 2 : – **Bonjour Madame.** Je voudrais une baguette s'il vous plaît.
– Une baguette ! Est-ce que vous voulez autre chose ?
– Non merci.
– Merci Monsieur. **Au revoir. / Bonne journée.**
Dialogue n° 3 : – **Bonsoir**. Il est tard ! Qu'est-ce que vous faites ici ?
– Oh, pardon Monsieur ! Je rentre chez moi.
– **Au revoir. / Bonsoir / Bonne soirée.**
– **Bonsoir Monsieur. / Bonne soirée Monsieur.**

Activité 29, p. 90

1. Excusez-moi, je cherche un livre s'il vous plaît.
2. Je voudrais un kilo de tomates s'il vous plaît.
3. Bonjour Madame / Monsieur. Quel est le prix de la robe s'il vous plaît ?
4. Voilà 22 euros. Merci. Au revoir et bonne journée.
5. Est-ce que vous pouvez me donner le prix s'il vous plaît ?

Exemple

Dialogue formel : – Bonjour Madame. Est-ce que vous avez un pantalon bleu s'il vous plaît ?
– Bien sûr. Quelle est votre taille ?
– Excusez-moi, est-ce que vous pouvez répéter s'il vous plaît ?
– Quelle taille souhaitez-vous ?
– 38 s'il vous plaît. Quel est le prix ?
– C'est 19 euros.
– Merci.
Dialogue informel : – Salut ! Est-ce que tu as un pantalon bleu s'il te plaît ?
– C'est pour toi ? Oui, bien sûr ! Tu fais quelle taille ?
– Quoi ? Pardon ?
– Quelle est ta taille ?
– 38.
– D'accord !
– Merci.

Activité 30, p. 91

1. Est-ce que vous avez des carottes ? / Quel est le prix du kilo de carottes ?
2. Est-ce que vous avez des cahiers bleus et rouges ? / Combien coûte le cahier ?
3. Quelle est la télévision la plus grande dans le magasin ? / Est-ce que je peux acheter cette télévision ?
4. Quel pain est-ce que vous avez ? / Combien coûte une baguette ?
5. À quelle heure est le film ? / Quels sont les films aujourd'hui au cinéma ?

Activité 31, p. 91

1. Combien coûte ce magazine ?
2. Est-ce que je peux avoir la carte s'il vous plaît ?
3. Est-ce que vous avez des pulls bleus ?
4. Est-ce que je peux payer en espèces ?
5. Quelle est la taille de cette jupe ?

Activité 32, p. 91

1. Type de musique : rock, salsa, valse… / Type de chanteur : le préféré des Français, le plus vendu, jeune, groupe…
2. Couleur : blanche, bleue, rouge… / Taille : petite, moyenne, grande, 32, 34, 36…
3. Personne : enfant, adolescent… / Âge : 8 ans, 10 ans, 12 ans…

4. Fête : anniversaire, départ… / Goût : chocolat, vanille, fraise…
5. Type : roman, aventure, amour… / Année : de cette année, de 2015, de 2014…

Activité 33, p. 92

1. En entrée, je voudrais la soupe de poissons. Pour le plat, je souhaite le poulet avec du riz. Et pour le dessert, la crème brûlée. Et de l'eau s'il vous plaît.
2. Je suis disponible les lundis, mercredis et vendredis entre 17 h et 20 h. J'aime les sports avec un ballon. Je peux commencer la semaine prochaine.
3. J'aime les films d'action et les comédies. Mais je n'aime pas les films d'amour. Je dois rentrer chez moi avant 21 h.

Activité 34, p. 92

Image C.

Activité 35, p. 93

1. 115 €. – **2.** 7,70 €. – **3.** 16 €. – **4.** 68 €.

Activité 36, p. 93

1. Bonjour Monsieur. Je voudrais une boîte de chocolats. C'est pour un anniversaire.
2. Quel est le prix d'une enveloppe s'il vous plaît ?
3. Le menu est à treize euros, c'est ça ?
4. Est-ce que vous avez un animal noir et blanc ?
5. Je cherche des chaussures pour jouer au tennis avec mes amis.

Activité 37, p. 93

– L'exercice 3 est un dialogue simulé. Nous sommes dans une épicerie. Vous voulez acheter des produits. Vous êtes le client et je suis la vendeuse. Nous commençons.
– Bonjour Madame.
– Bonjour Monsieur.
– Je **voudrais** acheter du sucre et des tomates s'il vous plaît.
– Oui, combien de **kilos** de sucre ?
– 2 **kilos** de sucre s'il vous plaît.
– D'accord et combien de tomates ?
– 1 kilo de tomates s'il vous plaît. **Quel est le prix du kilo** de tomates ?
– 1,30 €.
– Merci. Et **combien coûte** le sucre ?
– Le sucre ? C'est 3 € pour les 2 kilos.
– Merci.

– Est-ce que vous voulez **autre chose** Monsieur ?

– Oui, je voudrais **aussi** du pain s'il vous plaît. **Est-ce que** vous avez des baguettes ?

– Oui, combien de baguettes est-ce que vous voulez ?

– **Seulement** 1 baguette. **Quel est le prix ?**

– La baguette coûte 0,70 € (70 centimes).

– Merci. Quel est le **prix total** pour le sucre, les tomates et la baguette s'il vous plaît ?

– Alors, le **prix total** est de 5 €. Comment est-ce que vous payez Monsieur ?

– Je paye **en espèces**. Et voilà 5 €.

– Merci Monsieur. Et voilà vos produits.

– Merci beaucoup. Au revoir Madame et **bonne journée**.

– Au revoir Monsieur. Merci Youssef. L'épreuve est terminée. »

Exercice 2, p. 94

1. J'ai ... frères(s) et ... sœur(s). Ils s'appellent... / Je n'ai pas de frères et sœurs.

2. J'ai ... ans.

3. Le samedi, je vais… / je fais…

4. Je parle …, … et … .

5. Je suis…

Exercice 3, p. 94

1. Mes activités préférées sont… / J'aime…

2. J'habite…

3. Ma maison / Mon appartement est…

4. Le matin, je mange… Le midi, je mange… Et le soir, je mange… Je mange à …h…

5. J'ai … animaux. Ils s'appellent… / Je n'ai pas d'animaux.

Exercice 5, p. 95

Questions possibles

Profession ? → Quelle est votre profession ?

Dormir ? → À quelle heure est-ce que vous dormez ?

Couleur ? → Est-ce que vous aimez le bleu ?

Devoirs ? → Où est-ce que vous faites vos devoirs ?

Vélo ? → Quand faites-vous du vélo ?

Cinéma ? → Est-ce que vous allez au cinéma avec vos amis ou avec votre famille ?

Exercice 6, p. 96

Questions possibles

Nationalité ? → Quelle est votre nationalité ?

Famille ? → Comment s'appelle votre frère ?

Animal ? → Combien d'animaux est-ce que vous avez ?

Internet ? → Quand est-ce que vous utilisez internet ?

Heure ? → À quelle heure est-ce que vous arrivez au travail ?

Sport ? → Est-ce que vous jouez au football ?

Exercice 8, p. 97

Questions possibles : Est-ce que je peux avoir la carte/le menu s'il vous plaît ? / Quel est le prix du dessert ?/ Combien coûte un café ? / Est-ce que je peux avoir l'addition s'il vous plaît ? / Est-ce que je peux payer avec une carte bancaire ?

Phrases possibles : En entrée, je voudrais une salade et des tomates s'il vous plaît. / Pour le plat, je voudrais du poulet. / Et pour le dessert, je voudrais un morceau de tarte aux pommes/de la tarte aux pommes. / Excusez-moi, est-ce qu'il est possible d'avoir un café s'il vous plaît ? / Je voudrais du pain aussi, s'il vous plaît. / Ce n'est pas cher.

Exercice 9, p. 97

Questions possibles : Quels sports il y a dans le centre de loisirs ? / Le tennis, c'est quel jour ? / Quels sont les horaires des cours de judo ? / Combien coûte l'inscription à la piscine ? / Est-ce que je dois payer maintenant ?

Phrases possibles : Je voudrais m'inscrire au basketball. / Je suis disponible le lundi et le jeudi. / Je peux commencer les cours demain. / Le matin, je ne peux pas. L'après-midi, c'est possible à partir de 16 h 00. / Je voudrais payer avec un chèque.

Épreuve blanche 1

Exercice 1, p. 102

1. À son bureau.

2. Image C.

3. Du pain.

4. De la soupe.

Exercice 2, p. 102

1. Image C.
2. Samedi et dimanche.
3. 03.20.14.78.81. *(1 point si le numéro est correct. 0 point si le numéro est incomplet ou erroné)*
4. 10 €.

Exercice 3, p. 103

1. Serveur.
2. Le 18 juin.
3. (Mon) CV.
4. 1036, rue Baudelaire.

Exercice 4, p. 103

Image A : dialogue n° 3. – Image B : dialogue n° 5. – Image C : dialogue n° 4. – Image D : dialogue n° 2. – Image E : dialogue n° 1. – Image F : Ne correspond à aucune situation.

Exercice 1, p. 104

1. 4e étage.
2. Dîner chez elle.
3. Vendredi.
4. Image C.
5. Laisser un message à Isabelle.

Exercice 2, p. 104

1. Var.
2. 6 118.
3. Grasse.
4. *(2 points si l'itinéraire est tracé. 0 point si seul le lieu d'arrivée est représenté.)*

5. En été.

Exercice 3, p. 105

1. Restaurant P'tit Quinquin.
2. Magasin Tara.
3. 5 jours.
4. 07.23.58.92.05. *(1 point si le numéro est correct. 0 point si le numéro est incomplet ou erroné)*
5. 3 mois.

Exercice 4, p. 106

1. Du restaurant universitaire.
2. De 8 h 00 à 18 h 30.
3. 4 €.
4. Les professeurs.
5. Image C.

Exercice 1, p. 106

Pour tous les items, les transcriptions phonétiques sont acceptées : si l'orthographe lexicale est défaillante mais que le mot reste compréhensible phonétiquement, on attribuera 1 point. En revanche, si la transcription phonétique ne permet pas de comprendre l'information, on attribuera 0 point.

Informations à donner	Réponses acceptées	Points attribués
Prénom	On attribue 1 point si le candidat écrit un prénom.	1 point
Date de naissance	On attribue 1 point si le candidat écrit une date cohérente en chiffres ou en lettres.	1 point
Nationalité	On attribue 1 point si le candidat écrit une nationalité.	1 point
Profession	On attribue 1 point si le candidat écrit le nom d'une profession.	1 point
Ville de départ	On attribue 1 point si le candidat écrit une ville (en français ou dans la langue du candidat).	1 point
Ville d'arrivée	On attribue 1 point si le candidat écrit une ville française.	1 point
Date d'arrivée	On attribue 1 point si le candidat écrit une date cohérente en chiffres ou en lettres.	1 point
Nombre de jours en France	On attribue 1 point si le candidat écrit un nombre cohérent en chiffres ou en lettres.	1 point

Adresse en France	On attribue 1 point si l'adresse est complète et cohérente. Le format doit respecter celui d'une adresse française.	1 point
Adresse électronique	On attribue 1 point si le candidat écrit une adresse électronique.	1 point

Exercice 2, p. 107

Salut !

Je suis en vacances à Montréal, au Québec. Est-ce que tu connais ? Je visite les monuments et les musées. Je suis avec mes parents, mon frère et ma sœur. Avec mon frère, je joue au football dans le parc en face de l'hôtel. Et toi, qu'est-ce que tu fais pour les vacances ?

À bientôt !

Partie 1, p. 107

Exemple d'entretien possible :

EXAMINATEUR – Quel est votre nom ?

CANDIDAT – Mon nom est Ben Salah.

EXAMINATEUR – Pouvez-vous épeler votre nom ?

CANDIDAT – Mon nom s'écrit B-E-N S-A-L-A-H.

EXAMINATEUR – Parlez-moi de vos activités. Qu'est-ce que vous faites le soir, le week-end ?

CANDIDAT – Le soir, je vais au restaurant avec mes amis. Le week-end, je fais du sport.

EXAMINATEUR – Quel sport est-ce que vous faites ?

CANDIDAT – Je fais de la natation et du basketball.

EXAMINATEUR – Quel jour vous faites de la natation ?

CANDIDAT – Je fais de la natation le samedi.

EXAMINATEUR – D'accord. Parlez-moi maintenant de vos meilleurs amis.

CANDIDAT – Mon meilleur ami s'appelle François. Il a 24 ans. Il étudie la médecine.

EXAMINATEUR – Et vous ? Est-ce que vous travaillez ou vous étudiez ?

CANDIDAT – Moi, je travaille. Je suis vendeur.

EXAMINATEUR – Où travaillez-vous ?

CANDIDAT – Je travaille dans un magasin à Fréjus.

EXAMINATEUR – Merci.

Partie 2, p. 107

Questions possibles :

Marché → Où est-ce que vous faites vos courses ? / Combien de fois par semaine est-ce que vous allez au marché ?

Réunion → Avec qui est-ce que vous allez en réunion ? / Est-ce que vous faites des réunions ?

Dimanche → Qu'est-ce que vous faites le dimanche ? / Est-ce que vous allez au cinéma dimanche ?

Film → Quel est votre film préféré ? / Quand est-ce que vous allez au cinéma ?

Études → Est-ce que vous étudiez ? / Quels sont vos diplômes ?

Ordinateur → Quand est-ce que vous utilisez votre ordinateur ? / Comment est votre ordinateur ?

Livre → Quel est votre livre préféré ? / Quand est-ce que vous lisez ?

Loisir → Quelles sont vos activités préférées ? / Qu'est-ce que vous faites le week-end ?

Célibataire → Est-ce que vous êtes célibataire ? / Comment s'appelle votre mari/femme ?

Stylo → Quelle est la couleur de votre stylo ? / Combien de stylos avez-vous ?

Partie 3, p. 107

Phrases et questions possibles :

Sujet 1

Bonjour. Je voudrais un livre s'il vous plaît. / Est-ce que vous avez des livres d'aventure ? / Combien coûte le livre ? /

Je voudrais aussi un magazine. / Quel est le prix total s'il vous plaît ? /

Est-ce que je peux payer en espèces ? / Merci. Au revoir et bonne journée.

Sujet 2

Bonjour. Je voudrais un pain au chocolat s'il vous plaît. / Combien coûte le gâteau ? / Non, je ne veux pas un gâteau mais seulement une part de gâteau. / Est-ce que je peux avoir un café s'il vous plaît ? / Est-ce que vous acceptez les cartes bancaires ? / Bonne soirée.

Exercice 1, p. 108

2. numéro 7 – 2. 09 h 06.
3. 8756.
4. Lorient.

Exercice 2, p. 108

1. 3, quai de l'Horloge
2. 15 h 30.
3. 06.23.46.18.53.
4. Un parapluie.

Exercice 3, p. 109

1. Commercial.
2. 2 juin.
3. Une photocopie du dernier diplôme.
4. A749.

Exercice 4, p. 109

A. 1.
B. 3.
C. Ne correspond à aucune situtation
D. 2.
E. 5.
F. 1.

Exercice 1, p. 110

1. Louise.
2. Une soirée d'anniversaire.
3. 6e étage.
4. Samedi 9 avril.
5. Des boissons.
6. jeudi.

Exercice 2, p. 111

1. Une confirmation.
2. 14/07.
3. Entre la piscine et le mini-golf.
4. 10 juillet.

Exercice 3, p. 111

1. 06.01.08.26.47.
2. 950 euros.
3. 200 m^2.
4. 3.
5. calme.

Exercice 4 p. 112

1. De festivals de musique.
2. 12.

3. 384.
4. Belfort.
5. 10 h00 – 17 h 30.

Exercice 1 p. 113

Proposition : Prénom : Oscar – Date de naissance : 22/02/2008 – Portable : 07.86.43.12.89 – Instrument : piano – solfège : 1 h/semaine – jour et heure : mercredi 14 h

Exercice 2 p. 113

Salut Virginie, C'est mon anniversaire samedi prochain. On fait une fête. Viens chez moi au 13 rue de l'Odéon au 3e étage. Appelle-moi au 06 45 73 12 98 ou écris-moi à isabelle@courriel.fr À samedi ! Grosses bises, Isabelle

Partie 1, p. 114

Pistes de réponses : Voir les réponses de l'exercice 1, p. 94.

Partie 2, p. 114

Questions possibles :
Voiture : Est-ce que vous avez une voiture ? Vous allez au travail en voiture ? – Sport : Vous aimez le sport ? Quel sport est-ce que vous pratiquez ? – Musique : Quel genre de musique vous écoutez ? Vous jouez de la guitare ? – Voyages : Quel est votre dernier voyage ? Vous voyagez beaucoup ? – Dessert : Vous aimez les desserts français ? Quel est votre dessert préféré ? – Enfant ? Vous avez des enfants ? Combien d'enfants vous avez ? – Mer : Vous habitez près de la mer ? Est-ce que vous allez à la mer le week-end ? – Adorer : Est-ce que vous adorez le français ? Qu'est-ce que vous adoré ? – Avion : Vous prenez l'avion combien de fois par an ? Vous aimez prendre l'avion ?

Partie 3, p. 114

Sujet 2
Proposition :
Bonjour. Est-ce que vous avez des chambres disponibles s'il vous plaît ?
Je voudrais une chambre pour 2 personnes.
Quel est le prix pour une nuit ?
Est-ce que je peux avoir un petit déjeuner aussi ?
Si possible, je préfère dans la chambre.
Pour le petit déjeuner, je voudrais du pain avec du jus d'orange.
Dans la chambre, je voudrais un grand lit et une télévision.

COMMENT LA PRODUCTION ÉCRITE A1 EST ÉVALUÉE ?

▸ Voici la grille pour vous aider à comprendre comment votre production est évaluée. Pour rappel, la production écrite est évaluée sur **25 points**.

Exercice 1   `10 points`

Chaque réponse est notée sur 1 point. Il y a dix informations à donner.

Exercice 2   `15 points`

Respect de la consigne Peut mettre en adéquation sa production avec la situation proposée. Peut respecter la consigne de longueur minimale indiquée.	0	0.5	1	1.5	2				
Correction sociolinguistique Peut utiliser les formes les plus élémentaires de l'accueil et de la prise de congé. Peut choisir un registre de langue adapté au destinataire (tu/vous).	0	0.5	1	1.5	2				
Capacité à informer et/ou à décrire Peut écrire des phrases et des expressions simples sur soi-même et ses activités.	0	0.5	1	1.5	2	2.5	3	3.5	4
Lexique/orthographe lexicale Peut utiliser un répertoire élémentaire de mots et d'expressions relatifs à sa situation personnelle. Peut orthographier quelques mots du répertoire élémentaire.	0	0.5	1	1.5	2	2.5	3		
Morphosyntaxe/orthographe grammaticale Peut utiliser avec un contrôle limité des structures, des formes grammaticales simples appartenant à un répertoire mémorisé.	0	0.5	1	1.5	2	2.5	3		
Cohérence et cohésion Peut relier les mots avec des connecteurs très élémentaires tels que « et », « alors ».	0	0.5	1						

C'est-à-dire :

▸ **Respect de la consigne** = choisir le bon type de courrier
▸ **Correction sociolinguistique** = saluer le destinataire au début et à la fin + choisir « tu » ou « vous »
▸ **Capacité à informer et/ou à décrire** = rédiger toutes les informations demandées dans la consigne
▸ **Lexique/orthographe lexicale** = faire attention à l'orthographe des mots + utiliser le vocabulaire du thème
▸ **Morphosyntaxe/orthographe grammaticale** = faire attention à l'accord du masculin, féminin, singulier, pluriel et à la conjugaison du présent
▸ **Cohérence et cohésion** = utiliser des connecteurs

COMMENT LA PRODUCTION ORALE A1 EST ÉVALUÉE ?

1. Entretien dirigé *(1 minute environ)*
5 points

Peut se présenter et parler de soi en répondant à des questions personnelles simples, lentement et clairement formulées.	0	0.5	1	1.5	2	2.5	3	3.5	4	4.5	5

2. Échange d'informations *(2 minutes environ)*
4 points

Peut poser des questions personnelles simples sur des sujets familiers et concrets et manifester qu'il/elle a compris la réponse.	0	0.5	1	1.5	2	2.5	3	3.5	4

3. Dialogue simulé (ou jeu de rôle) *(2 minutes environ)*
7 points

Peut demander ou donner quelque chose à quelqu'un, comprendre ou donner des instructions simples sur des sujets concrets de la vie quotidienne.	0	0.5	1	1.5	2	2.5	3	3.5	4
Peut établir un contact social de base en utilisant les formes de politesse les plus élémentaires.	0	0.5	1	1.5	2	2.5	3		

4. Niveau linguistique des 3 parties de l'épreuve
9 points

Lexique (étendue) / correction lexicale Peut utiliser un répertoire élémentaire de mots et d'expressions isolés relatifs à des situations concrètes.	0	0.5	1	1.5	2	2.5	3
Morphosyntaxe / correction grammaticale Peut utiliser de façon limitée des structures très simples.	0	0.5	1	1.5	2	2.5	3
Maîtrise du système phonologique Peut prononcer de manière compréhensible un répertoire limité d'expressions mémorisées.	0	0.5	1	1.5	2	2.5	3

C'est-à-dire :

▸ **Lexique/correction lexicale** = utiliser beaucoup de mots et d'expressions
▸ **Morphosyntaxe/correction grammaticale** = faire attention à l'accord du masculin, féminin, singulier, pluriel et à la conjugaison du présent
▸ **Maîtrise du système** = prononcer de façon claire

PAPIER À BASE DE
FIBRES CERTIFIÉES

éditions
didier s'engagent pour
l'environnement en réduisant
l'empreinte carbone de leurs livres.
Celle de cet exemplaire est de :
850 g éq. CO_2
Rendez-vous sur
www.editionsdidier-durable.fr

Achevé d'imprimer en avril 2019 par Macrolibros, Espagne - Dépôt légal 8625-04